DAXUESHENG
CHUANGXIN CHUANGYE SHIJIAN
JIANMING JIAOCHENG

大学生创新创业实践
简明教程

主　编◎卫晓怡　吴　芹

编写者◎蓝蔚青　李红艳
屈志超　张路遥
张亚琼　周　文

首都经济贸易大学出版社
Capital University of Economics and Business Press
·北 京·

图书在版编目（CIP）数据

大学生创新创业实践简明教程/卫晓怡，吴芹主编．—北京：首都经济贸易大学出版社，2017.2

ISBN 978-7-5638-2581-3

Ⅰ.①大…　Ⅱ.①卫…②吴…　Ⅲ.①大学生—创业—高等学校—教材　Ⅳ.①G647.38

中国版本图书馆 CIP 数据核字（2016）第 262826 号

大学生创新创业实践简明教程
卫晓怡　吴芹　主编

责任编辑　季云和
封面设计　砚祥志远·激光照排 TEL：010-65976003
出版发行　首都经济贸易大学出版社
地　　址　北京市朝阳区红庙（邮编 100026）
电　　话　（010）65976483　65065761　65071505（传真）
网　　址　http：//www.sjmcb.com
E-mail　publish@cueb.edu.cn
经　　销　全国新华书店
照　　排　首都经济贸易大学出版社激光照排服务部
印　　刷　人民日报印刷厂
开　　本　710 毫米×1000 毫米　1/16
字　　数　220 千字
印　　张　13.75
版　　次　2017 年 2 月第 1 版　2017 年 2 月第 1 次印刷
书　　号　ISBN 978-7-5638-2581-3/G·389
定　　价　27.00 元

目 录

第一章 大学生创新创业导论

知识目标

了解创新创业的基本概念，熟悉当前我国大学生创新创业环境，理解大学生创新创业意识的形成，掌握选择创新创业项目的基本原则。

能力目标

树立大学生创新创业意识，能够独立分析当前大学生创新创业的主客观条件。

第一节 大学生创新创业的内涵和基本特征

一、大学生创新创业的内涵

创新，顾名思义，即创造新的事物。它起源于拉丁语，其原义包含

“更新”、“创造新的东西”和“改变”三层意思。百度词条对“创新”的解释是，指以新思维、新发明和新描述为特征的一种概念化过程。在经济学领域中，奥地利经济学家熊彼特首次提出创新是一个过程的概念。按照熊彼特的观点，所谓“创新”，就是“建立一种新的生产函数”，也就是说，把一种未有过的关于生产要素和生产条件的“新组合”引入生产体系。

对创新概念的理解一般有狭义和广义两个层面。狭义的创新概念立足于把技术和经济结合起来，即创新是一个从新思想的产生到产品的设计、生产和营销的一系列行动。广义的创新概念力求将科学、技术、教育等与经济相结合，即创新表现为不同参与者与机构（包括企业、政府、学校和科研机构等）间交互作用的网络；在这个网络中，任何一个节点都可能成为创新行为实现的特定空间，创新行为因而可表现在技术、体制或知识等不同层面。

创业的最初始含义是指发现别人不曾发现的机会，并把这一机会转化为商业机会。迄今为止，创业的定义有许多种，学术界并未对此达成共识。不同学科对创业定义的理解大致可分为三类：

第一类将创业定义为一种经济功能，强调创业在经济中的作用。如熊彼特认为，创新来源于创业，创新应成为评判创业的标准，企业家的职能就是实现创新，引进生产要素的“新组合”，而创业活动则是创造竞争性经济体系的重要力量。

第二类根据创业者的特质而定义，侧重对某些人的创业精神特征的研究和描述；创业的内涵主要包括开创新业务和创建新组织，利用创新这一工具实现各种资源的新组合，通过对潜在机会的发觉而创造价值。

第三类则视创业为一种方式或方法，认为把创业仅仅理解为创建新企业比较片面；其实，创业的本质在于把握机会，创造性地整合资源，因此，将创业定义为通过寻找和把握机会，创造出新颖的产品或服务，并通过市场创建成企业甚至产业，从而实现企业经济价值和社会价值的过程。

创新创业是指基于技术创新、产品创新、品牌创新、服务创新、商业模式创新、管理创新、组织创新、市场创新、渠道创新等方面的某一点或几点创新而进行的创业活动。创新是创新创业的特质，创业是创新创业的目标。创新创业是基于创新基础上的创业活动，既不同于单纯的创新，也不同于单纯的创业。创新强调的是开拓性与原创性，而创业则强调通过实际行动获取利益的行为。因此，在创新创业这一概念中，创新是创业的基础和前提，创业是创新的体现和延伸。

创新创业与传统创业的根本区别在于创业活动中是否有创新因素。这里的创新不仅指技术方面的创新，还包含管理创新、知识创新、流程创新、营销创新等方面。总之，只要能够给资源带来新价值的活动就是创新；在某一方面或者某几个方面进行创新并进而进行创业的活动，就是创新创业；没有在任何方面进行创新的创业，就属于传统创业。

大学生创新创业的含义，一般是指大学生创造出更多的新技术、新产品或新市场，产生更多创新欲求、创新投入和创新探索，并在此基础上创建并拥有创业型企业，且以经营企业为职业的过程。这个过程一般在学校期间通过学习和实践积累经验，到毕业时开始具体实施并得以逐步发展。

二、大学生创新创业的基本特征

创新创业是在创新基础上的创业活动。创新是创业的基础和前提，同时创业又是创新成果的载体和呈现，并在创业活动过程中不断优化资源配置、总结提炼，以实现创新的更新与升级。可以说，创新带动创业，创业促进创新。

大学生创新创业过程是大学生内部精神世界与外部实践活动相互作用的过程。大学生创新创业活动是大学生创新创业者在不确定因素下与外部环境彼此互动，实现特定目标的复杂过程；是一种思考和推理的行为方式，这种行为方式是由大学生创新创业者内心世界与外部行为相互协调、相互作用的过程。其中，内心世界主要指创新创业者的自身创新创业素养，包括创新创业意识、创新创业思维与知识、创新创业动机、创新创业心理等；外部行为主要指创新创业活动中的外在表现环节，包括创新创业筹备、创新创业决策、创新创业合作、创新创业拓展等。大学生创新创业不同于职业人士创新创业的地方，在于这种创新创业受自身思想成熟程度和各种综合条件的约束，相对而言容易经历更多心理斗争以及创新创业思想与创新创业实践的矛盾与冲突，表现出一定程度上的不成熟群体的特征，从而也更容易导致创新创业失败的结局。

创新创业既需要热烈的激情、活跃的思维、独立的精神，又需要冷静的分析、缜密的决策和合作的态度。创新创业要想成功，既要“饿其体肤”，更要“苦其心志”，大学生创新创业过程中所表现出的行为特征，既具有一般创业过程的共性，又具有大学生群体自身的个性，突出表现为特定环境下身心迅速由不成熟走向成熟而发生的剧烈冲突。总体而言，大学生创新创业的基本特征如下。

（一）大学生创新创业意识超前，筹备滞后

凡事预则立，不预则废。创新创业活动的源头是创新创业意识的萌芽。然而，在创新创业最初期，大学生创新创业者的一个普遍特征就是“意识超前，筹备滞后”。大学生创新创业者往往是学生中奋斗意识相对突出、综合素质相对优秀的群体代表，他们的主体价值意识、参与创新创业实践意识均十分强烈，有相当一部分创新创业者在进入大学校园后不久，就萌发了强烈的创新创业意识，对创新创业充满希望和憧憬。但这种意识也容易夹杂猎奇的心理和追求时尚的心态，空有一番热情，对创新创业的基本原理和实务操作缺乏潜心的钻研。在行为上首先表现为迷茫、拖延，认为创新创业十分重要，但是筹备需要“慢慢来”，这是比较普遍的心态；又或是表现为急进急停，抱着一上来就要大干一场的“豪迈”心态，一旦接触市场才发现自己甚至缺乏基本的心理准备，完全没有从消费者的心态转向生产者、更不用说营销者的心态，使创新创业难以真正成功。

（二）大学生创新创业范围涉及广，深度欠缺

“90 后”的大学生生长于物质丰富、科技迅速发展的时期，相对于“80 后”的大学生而言，“90 后”的大学生大部分接受新事物的能力较强，热衷于标新立异的文字和装扮。他们大都愿意并非常主动地去尝试一件新鲜事物，几乎对每一件事情都抱有好奇的心态，想去发掘、探究它的神秘性。但由于“90 后”的大学生在思想方面还不够成熟，缺乏在社会上处事历练，所以对事情的看法较为肤浅、单纯，这就决定了他们并不能从根本上认识事物的内在和本质。

解决创新创业思维个体局限性的重要途径，无疑就是合作创新创业。目前，绝大多数大学生都会选择团队创新创业模式。合作创新创业可以有效弥补创新创业者各自的短板，但又涉及合作团队中队员的性格

冲突和行为磨砺问题，大学生团队在创新创业过程中遇到困难或重大决策，不同动机产生的利益分歧就会浮出水面，这常常导致创新创业团队的“突然死亡”。

“90 后”大学生对经济体制改革及转型、利益关系调整，中国传统文化与西方外来文化的冲突、融合，都仅仅只有浅层次的思考，如他们想创新新鲜事物，就要在思想方面成熟，丰富个人阅历，以求在创新创业高度方面勇攀顶峰。

（三）大学生创新能力强，缺乏实践能力

“90 后”大学生在国家经济腾飞的环境中成长，他们知识面广，视野开阔，思维活跃，观念开放，具有复杂而多样性的思维。正是这种多样性的开阔思维，使得“90 后”大学生的创新能力很强，但他们缺乏实践的历练。“90 后”大学生被称为“温室里的花朵”，从小到大都是在家人的庇护下成长，娇生惯养，成了家里的“小公主”“小皇帝”。当他们背井离乡，远离父母踏上求学之路时，他们独立生活能力弱就显现出来。例如，某校曾进行一次大范围的校园绿化，集体组织大二大三的学生参加除草种树，在这次集体活动中，老师发现有不少同学从未见过铁锹、耙子，完全不知道工具的使用方法，同学们称此次活动大开眼界，见识到了“传说中的耙子”。真不愧为“抱大的一代”。从这类案例中可以看出，“90 后”大学生的实践能力还有待提高和加强。

大学生创新创业者往往“敏于思、惘于断”，受制于思维底蕴的不足，容易局限于主观思考，忽视项目分析和市场调查，较少通过观察现实、分析矛盾、剖析程序、预测市场、追踪技术等手段捕捉商机，往往“愿景多于计划”，对关键环节想当然，对困难估计不足，创新创业决策草率武断，这都为最后的创新创业失败埋下了伏笔。

（四）大学生创新创业欲望强，持久性差

“90 后”大学生因为生活环境发生了很大改善，不用像前辈小时候担心“吃不饱穿不暖”，所以往往不能脚踏实地，做事一步一个脚印。他们希望自己的才华得以展示，希望自己得到别人的欣赏，“特立独行”成为其一种风格。他们点子、想法来得快，但因为从小就在父母的保护伞下，是一路顺风顺水成长起来的，很少受到挫折和打击，几乎没有经历过大风大浪，所以缺乏意志的磨炼。许多大学生在参加了创新创业活动之后选择了放弃，以各种借口和理由为自己解脱，不能将创新创业进行到底。心理脆弱、承受压力差，缺乏抗压能力，很容易受到伤害，是他们不能坚持的原因，最后表现为遇到一点挫折和失败，就轻言放弃，半途而废，不能持之以恒。

创新创业的过程是对创新创业者意志力、判断力、合作能力和工作开拓能力的全面挑战。创业者既要做好承受压力、迎接挫折的心理准备，又要保持积极敏锐、开拓进取的健康心态，即“做最坏的打算、尽最大的努力”。倘若“抗压能力”弱，则容易在残酷的市场竞争中产生强烈的压力感和挫折感，失去坚持到底的信念和勇气，进而选择放弃，止步于“终点站百米之前”。

第二节　大学生创新创业的环境

当前，大学毕业生总量、就业人数虽不断增加，但总体就业率却呈下降趋势。“大学生就业难”已经是一个亟待解决的社会课题。同时，大学生创业成功率低也是不争的事实。创新创业是一项复杂的系统工程，需要政府、高校、社会三方建立有效机制，加强协同，完善政策，引导、支持大学生创新和创业。但如何加强协同、真正将有关政策落到实处，还需要做出很多努力。

一、顺应国家和社会发展的大学生创新创业时代大背景

国家和社会的发展是保证大学生自身发展和能力培养的基本保证。没有发达的科技就难以保证教学质量，没有稳定的社会环境就难以达到人们工作和生活的基本要求。大学生创新创业的实施，正是与国家和社会的发展相互促进，共同实现双赢，以大学生创新创业带动国家经济增长，同时，以国家高效增长的经济保证大学生创新创业的正常进行。创新创业是一个国家、一个民族发展的不竭动力之源，是国家立足于世界的重要保证。大学生创新创业的实施，在一定程度上说也是一项社会实践。

近年来，国家和各地政府不断出台扶持大学生创业的政策，在政策上帮助大学生解决贷款、工商注册、公共服务平台等方面的问题，以便

他们能够大展宏图。

2010 年教育部颁发的《关于大力推进高等学校创新创业教育和大学生自主创业工作的意见》提出，高等学校要把创新创业教育和大学生自主创业纳入学校主要议事日程，注重学生创业能力的培养。2014 年 5 月人力资源和社会保障部、教育部、国家发展和改革委员会、科学技术部、工业和信息化部、财政部、中国人民银行、国家工商行政管理总局和共青团中央等九部门联合发布了《关于实施大学生创业引领计划的通知》。此后，不少大学生加入了青年创业的大军。2015 年 5 月 4 日，国务院办公厅下发了《关于深化高等学校创新创业教育改革的实施意见》，要求从 2015 年起，全面深化高校创新创业教育改革。文件提出（图 1－1 和图 1－2 是对该文件的解读）：瞄准 9 项改革任务，推出 30 余条具体举措，力争 2017 年取得重要进展，形成一批可复制可推广的制度成果，普及创新创业教育；2020 年，建立健全课堂教学、自主学习、结合实践、指导帮扶、文化引领融为一体的高校创新创业教育体系。

随着 2015 年 5 月国家层面专门发布促进高校创新创业教育改革的文件，各地政府也纷纷出台各种政策，支持大学生创新创业。仅仅一年，全国已有 20 余省份出台了各地的高校创新创业教育改革方案。

有些省份明确支持实施弹性学制，允许大学生休学创业。例如，广西壮族自治区出台了《深化高等学校创新创业教育改革的实施方案》，提出实施弹性学制，放宽学生修业年限；在校生休学创业的修业年限在原有学制基础上可延长 2 至 5 年，休学创业时间可视为其参加实践教育时间。又例如，黑龙江省规定，经高校评估后，大学生（研究生除外）休学创业，学籍最长可保留 8 年。

有些省份为了培养大学生的创新创业能力，聘请企业家进大学讲课，让高校教师去企业挂职锻炼。例如，广东省鼓励高校成立创新创业俱乐部，鼓励高校聘请科学家、创业成功者、企业家、投资人等校外专家学者兼职创新创业导师。又例如，广西壮族自治区提出，建立高校教师到行业企业挂职锻炼制度，高校教师每 2 年至少有 2 个月到行业企业挂职锻炼。甚至，浙江省还进一步提出建立创业学院，并明确，2016 年 3 月底前，全省普通高校普遍建立创业学院，并完善相应的管理体制和运行机制。

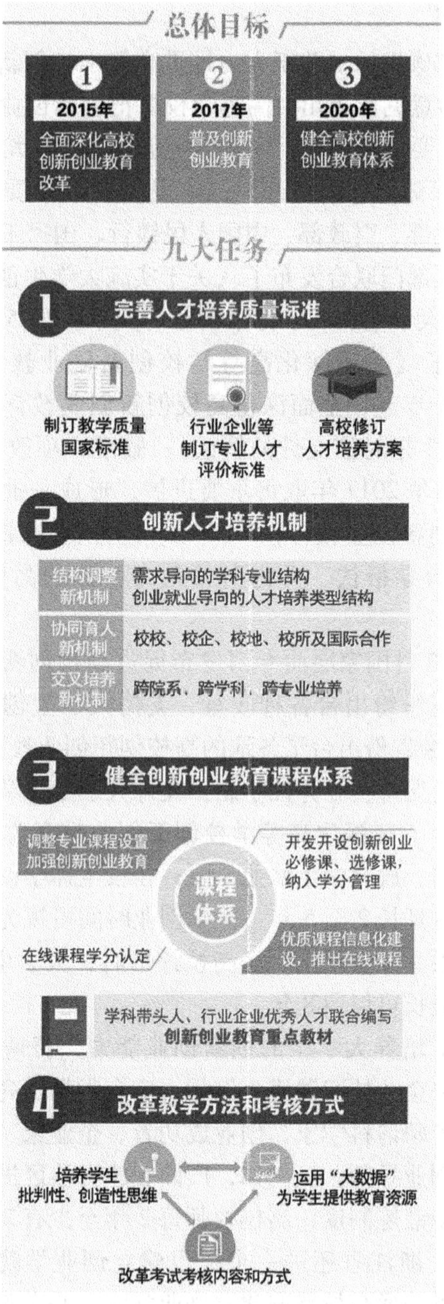

图1－1 《关于深化高等学校创新创业教育改革的实施意见》解读（上）

图 1－2　《关于深化高等学校创新创业教育改革的实施意见》解读（下）

此外，针对大学生创新创业的资金问题，各地纷纷加大了资金扶持的力度。以黑龙江省为例，黑龙江省省级财政投入2亿元新成立大学生创新创业小额贷款担保公司，专门为大学生创业提供低费率担保；每年安排1亿元大学生创业“种子资金”，支持在校和毕业5年以内的大学生的创新创业活动；每年安排3 000万元用于支持全省科技企业孵化器为大学生创新创业开辟孵化基地。

二、大学生创新创业实践的高校和社会支持

面对大学生创新创业成功率相对较低的现状，大学生创新创业实践确实亟待高校和社会的大力支持。

从高校层面看，学校要进一步完善现有本科生与研究生的培养方案、学籍管理、教学计划、课程设置和社会实践工作，不断提高学生的创新创业能力。广大教育工作者要认真贯彻国家决策部署，积极开展教学改革探索，把创新创业教育融入人才培养，切实增强学生的创业意识、创新精神和创造能力，扎根于大众创业、万众创新土壤，为建设创新型国家提供源源不断的人才智力支撑。

自主创业属于挑战性高、技术含量高、淘汰率高的“三高‘行业’”。大学生创业者不仅要有扎实的专业知识，还要有坚毅、果敢的品质和风险意识、商业意识、团队意识等。高校要将创新创业教育融入整个培养体系。在培养方案的制定过程中，要注重深厚的专业知识和宽广的非专业知识相结合，同时融入创新创业的内容。要完善学籍管理制度，允许有完整创业计划的学生暂时休学。高校还应积极开设创新创业类课程，并将此类课程纳入学分管理，开展灵活多样的创业实践活动。

从社会层面看，社会机构要提供培训，统筹资源，建立完善的风险投资机制，进一步激发大学生的创新活力。社会教育培训机构、创业服务企业、行业协会等要开发适合大学生的创业培训项目，提高创业培训的针对性和有效性；以多种方式向创业大学生提供资金支持，设立重点支持创业大学生的天使投资和创业投资风险基金。社会机构也要为建设大学生创业园和创业孵化基地创造条件，尽可能为创业大学生提供创业经营场所；要将创业实训、创业孵化、创业辅导相结合，提高创业孵化成功率；要制定并完善创业经营场所租金补贴办法，尽可能缓解创业大学生资金短缺的困难。

2015年4月15日，清华大学发出了成立“中国高校创新创业教育联盟”的倡议书，得到了国内众多高校和相关企事业单位、社会团体的积极响应。2015年6月11日，首批由137所国内高校和50家企事业单位、社会团体共同组成的“中国高校创新创业教育联盟”正式启动，联盟成立大会暨首届全国创新创业教育论坛在清华大学举行。首批联盟成员单位包括了清华大学、北京大学、浙江大学、复旦大学、上海交通大学、南京大学、哈尔滨工业大学、西安交通大学、中国科技大学、中国人民大学等137所高校和英特尔、微软、腾讯、百度、阿里等创新型企业，以及部分其他事业单位和社会团体。

“中国高校创新创业教育联盟”在教育部的指导下，联合各成员单位共同研讨创新创业教育的理念、方法和体制机制，扎实推进全国高校开展多样化、多层次的创新创业教育合作，实现资源共享、协调发展、共同提高，共同引领我国的创新创业教育，加快培养规模宏大、富有创新精神、勇于投身实践的创新创业人才队伍。

大学生创新创业实践的高校和社会支持具体主要体现在如下几个方面。

（一）以项目和社团为载体，增强创新意识和创业精神

鼓励大学生创造性地投身于各种社会实践活动和社会公益活动，通过开展创业教育讲座，以及各种竞赛、活动等方式，形成以专业为依托，以项目和社团为组织形式的“创业教育”实践群体，来激发大学生的创新意识和创业精神；以社团为载体，充分发挥大学生的主体作用，组织开展创业沙龙、创业技能技巧大赛等活动；通过发挥学生自我服务、自我教育功能的形式，培养学生创业能力。

（二）构建创业教育课程体系，培养学生创业能力

建立渗透创业内容的教育课程。在课堂上，采用创业案例进行教学，向学生直观、生动地展示成功创业者的创业精神、创业方法、过程和规律；培养学生良好的自主创业意识，树立全新的就业观念；启发学生的创业思路、拓宽其创业视野；培养学生创业的基本素质、能力和品质。

（三）创设校内创业环境

在校园内设立“创业园区”，学生可以提出项目申请，方案获通过

后的学生，可根据自己的能力，开办一些校内公司或在校内经商等；或者由学校组织开办模拟公司，将学生实践能力和专业技能的培养与创业实践相结合，其运作程序要符合企业行为，为学生提供体验创业的平台。此外，还要注重软环境的建设，如职业指导等；高校应成立由创业经验丰富的教师、企业管理人员和风险投资专家组成的创业指导小组，为创业过程中的学生提供适当建议，从而避免学生盲目创业。

当然，校内创业环境的建设需要学校各个部门相互协作，共同推进。

（四）加强创业竞赛实践活动环节，培养学生的创业能力

大学生通过参加各种专业竞赛和科研活动，如“挑战杯”中国大学生课外科技作品竞赛和创业计划竞赛，对于增强创新意识，锻炼和提高观察力、思维力、想象力和动手操作能力，都是十分有益的。

只有在大学生当中形成浓厚的科技创新氛围，才能使更多的创新人才脱颖而出。实践最能锻炼和培养一个人的才能，只有在实践中多看、多思、多问、多记，反复检验，反复调查，不断总结，才能从实践中摸索出真知。

2015 年 10 月 19 日至 20 日，首届中国“互联网 +”大学生创新创业大赛总决赛在吉林省长春市举行。本次大赛共有 1 800 余所高校、57 000 多支团队、20 万名大学生参赛，并带动了百万学生参与。中国“互联网 +”大学生创新创业大赛，紧扣国家发展战略，是促进学生全面发展尤其是开展创新创业实践的重要平台，也是推动产学研用结合的关键纽带。

三、当前大学生就业形势严峻以及创业困难较多

每年各高校毕业的学生就有成千上万，这还不包括专科的毕业生。相关数据显示：我国 2010 年毕业生人数 631 万人，2011 年毕业生人数 660 万人，2012 年毕业生人数 680 万人，2013 年毕业生人数 699 万人，2014 年毕业生人数 727 万人，呈现逐年递增的趋势。随着大学的扩招，每年都会有几百万大学生相继毕业，有限的岗位面对数额庞大的大学生们，根本无法承担这种压力，这使得越来越多的大学生面临毕业后找不到工作，只好在家待业让父母养。越来越多的待业人员给本来就有限的工作岗位带来不小的竞争压力，使得越来越多的企业抬高自己选择人才

的门槛，毕业生就业压力逐年累加。就业的屡屡受挫，常常导致大学生们信心低下，沉迷游戏，给家里带来争吵和不安。为了适应高速发展的经济现状，缓解因为岗位少、毕业学生多所导致的就业压力，创业成为解决以上问题最适合的方式之一。因此，创业也被作为国家、社会最为关注和鼓励的解决相关社会问题的对策之一。大学生创新创业的实施不仅可以减轻社会就业压力，降低毕业大学生在家待业的可能性，而且，创业也是大学生实现自身理想的有效途径之一。

虽然大学生创新创业有很多优势，国家、高校和社会也给予大学生们很多的优惠和支持，但是目前我国大学生创业成功率还处于低位。一项调查数据显示，中国大学生创业成功率平均为 2%，这一数字与欧美国家大学生创业成功率 20% 有整整 10 倍的差距。

显然，我国大学生创新创业过程中仍面临很多不可忽视的问题：

第一，大学生创新创业起步晚，水平较低，现仍处于初级阶段。大学生创新创业近几年刚刚起步，虽然发展迅速，但是面对发展了数十乃至上百年的社会其他行业或产业的挑战，大学生创新创业的地位岌岌可危。社会发展迅速，竞争残酷激烈，使得大学生对于创新创业的实际操作难以达到大学生的创新创业理论的要求，加之大学生创新创业的理论水平仍处于探索、研究层面，各方面认识不成熟，推进过程中存在大量实际问题；如此严峻的形势，使得大学生创新创业水平的提高有很大难度。

第二，创新创业大学生的素质参差不齐。创新创业的大学生部分可能是在社会中难以找到合适工作岗位的人。这部分创新创业大学生不是自身水平难以达到企业的要求，就是能力与企业薪金不能做到很好的平衡。对于他们来说，创业是解决现状最好的途径。但是，由于创新创业大学生各方面素养的参差不齐，使得他们的业绩也有高有低。那些自身素质较低的创新创业大学生，难以做到对产业信息的即时把握，缺乏管理体系和知识的学习能力。创业管理的盲目和杂乱，使得这部分群体盲目投资，导致高消耗低收入项目，严重者甚至血本无归，无法实现社会对创业的支持，给产业创新带来了不小的损失。

第三，创新创业的大学生在创业政策和形势方面的知识十分匮乏。虽然国家积极支持创业行为，部分学校也以实际投入的资金赞助这些怀揣梦想的大学生，但是严峻和残酷的社会现实不是理想的乌托邦，缺乏社会产业信息严重地影响了他们创新创业的水平和能力。这种现象的出现，在很大程度上可以归结于学校创新创业信息指导的匮乏。很多学校创新创业课程建设薄弱，使得想要创新创业的部分大学生在不知社会环境和相关信息的情况下盲目投资，造成了不必要的经济损失和身心伤害。

第四，国家对于大学生创新创业的规范仍处于低级水平。国家虽然在近几年加大了对创新创业的支持，在经济上减少了对创业基金的利润收取，并派遣社会产业调查的相关人员到各大高校做讲座。但是，这些政策相当程度上还在落实当中，资金数量和支持人员数量的限制仍然是对创新创业者最大的羁绊。毫无社会关系和能力的大学生孤军奋战，往往导致创新创业失败。

第五，创业环境严峻，面临老式企业的挤压和钳制。大型企业集团拥有雄厚的资金基础和人脉关系，还有各种高校毕业的高素质人才为其效力，使其占据市场的主导地位。面对大型企业集团雄厚的实力，大学生创业者们想要在行业中激流勇进、占得一席之地，需要面对极大的挑战。

第三节　大学生创新创业意识的形成

一、大学生对创新创业意识的理解

何谓创新创业意识？大学生应具备怎样的创新创业意识？创新创业意识是由多个心理因素相互联系、相互促进而形成的人类意识活动中的一种积极而富有成效的心理表现形式。创新创业意识是人们进行创造性活动的出发点和原动力，是创造性思维产生的重要前提。创造新事物首先要有创新意识，没有创新意识就没有创新成果。因此，创新意识是大学生创造新事物的关键。然而，大学生创新创业仅凭把握机遇，有创新意识还远远不够，作为创新创业意识的组成要素，自我意识、风险防范意识、合作意识和信誉意识往往不可或缺。

创新创业的意识取决于个人的价值观。积极向上的价值取向能给创新创业者带来强大动力。大学生把实现自我价值作为创新创业的主要目的，感到创新创业能自由掌握自己的时间，可做想做的事，这与当代大学生的特点不无关系。当代大学生自主独立意识不断增强，张扬自我个性、实现自我价值的信念在大学生心目中愈加强烈，这也为大学生实施创新创业活动提供了必要的心理准备和精神动力。

社会经济的发展，使得成功的创新创业者和企业家成为大学生仰慕的对象。这一客观因素，在一定程度上影响了大学生对创新创业概念的理解及创新创业意识的树立。当代大学生有创新创业的想法，能较清晰地认识到创新创业的价值与意义，并对创新创业抱有较强的热情和愿望。

创新创业意识教育是大学生创新创业教育的前提。在社会经济高速发展的今天，不少大学生对创新创业有认识，并有部分大学生真正将创业和就业对接，这就为他们最终形成主动的、理性的创新创业意识，产生创新创业行动打下了基础。

二、形成创新意识的重要性

科技的发展，知识的创新，越来越决定着一个国家、一个民族的发展进程。创新是一个民族进步的灵魂，是一个国家兴旺发达的不竭动力。中华民族自古以来就具有自强不息、锐意创新的光荣传统。如果不能创新，不去创新，一个民族就难以发展起来，也就难以屹立于世界民族之林。

提高自主创新能力，建设创新型国家，不仅是提高我国国际竞争力的客观需要，而且也是贯彻落实科学发展观、全面建设小康社会的重大举措，是解决我国当前发展面临的突出矛盾和问题的紧迫要求。只有通过大力推进科技进步和创新，增强自主创新能力，推动我国经济增长从资源依赖型转向创新驱动型，才能继续保持经济平稳、较快和可持续发展，实现又好又快的发展。当代大学生充满青春与活力，有着跳跃的思维迸出的智慧的火花，创新意识的形成就成为他们创业的生命力之源。

三、形成创业意识的重要性

创业首先是一种创新性活动，它在本质上是一种独立地开创并经营一种事业，并使该事业得以稳健发展、快速成长的思维和行为的活动。走上创业之路，往往是人生的一个大转折，它是成就自己事业的过程，是自我价值和能力的体现。创业，要直接面向社会，直接对顾客负责，个人的收入直接与经营利润连在一起。其实，创业的过程就是解决一个接一个矛盾的过程。真正的创业，并不是仅仅当一个小老板那么简单。创业者应有一个目标，这个目标可能是小时候的一个梦想，又或者是一次心灵触动产生的灵感；这个目标能产生很大的动力，让创业者坚持到成功。

在当前，大学生创业理念的形成已经是经济社会发展现实的、客观的迫切需要。

（一）大学生形成创业理念是严峻就业形势的迫切需要

教育部统计资料显示，大学生就业形势十分严峻。近年来，一方面高校扩招，高等教育由精英教育向大众教育转变，大学毕业生大幅增长；另一方面，随着社会的发展，我国正规部门创造就业的能力明显下降，国有企业、国家机关等吸纳大学毕业生的人数大幅下降，城乡各单位创造就业的能力也大幅降低，事业单位的改革也正在推进。这都说明，消极等待就业已不合时宜，就业形势要求大学生必须更新就业观念，实现由被动就业到主动创业意识的转换。

（二）大学生形成创业理念是知识经济快速发展的迫切需要

知识经济的兴起已引起劳动就业领域的重大变化，创业不仅成为人类社会经济增长的巨大动力，也成为一种重要的就业形式。在知识经济时代，产业、职业、行业都在不断变动。例如，美国和加拿大在过去20年中，淘汰了1万种职业岗位，又新产生1万种职业岗位，且新产生的大多为知识型岗位。在这种状况下，创业型就业就成为解决就业问题的重要手段，几乎所有的就业机会都是由创业型和革新型企业创造的，而原来作为主要就业提供者的政府和大企业，雇佣人数却停止了增长甚至在减少。新创企业不仅为社会经济发展提供了强大的动力，而且也为社会提供了大量的就业机会。因此，知识经济的兴起不仅使创业型就业成为解决经济问题的基本思路，也使其成为解决就业问题的主要出发点之一。

（三）大学生形成创业理念是社会主义现代化建设的急迫需要

大学生是未来社会的中流砥柱，只有提高其创业意识和就业能力，实现充分就业和成功创业，才能从根本上促进社会繁荣与稳定，并为社会经济奠定可持续发展的基础。我国仍处于社会主义初级阶段，建设富强、民主、文明的社会主义现代化国家，其实质是全国各族人民一场伟大的集体创业，这场伟大的集体创业需要每一个人自觉的创业意识和创业行动。

在知识经济时代，在科教兴国的客观需要面前，大学生作为接受高等教育的人群，从道义上也应该为社会承担更多的创业责任和义务。目前，下岗失业问题是我国的一大难题，农村剩余劳动力要向外转移，国有企业大量人员下岗分流，社会失业人员骤增，这都迫切需要创业，特别是有新知识、有活力的大学生创业。通过创业向社会提供就业机会、促进社会发展，是社会的客观需要。因此，培养和强化大学生的创业意识，为社会培养创业者，便成为社会发展的客观要求。

由于知识经济对个人的创造精神、开拓精神的重视，智力已成为个人获取财富的资本；又由于计算机网络等通信手段的发达，知识的生产、传播、转移的成本降低，创业变得容易实现，这也使大学生创业能够成为现实。所以，强化创业意识，培养创业品质，提高创业智能，引导和帮助大学生成为创业者，已成为新的历史条件下高校思想政治教育工作的一项重要内容。

（四）大学生形成创业理念是学校培养方向和大学生实现理想价值的客观需要

高校以培养全面发展的劳动者为己任，培养大学生的创业意识和就业能力，是学校培养人才的方向。在高校招生竞争激烈的条件下，毕业生就业率的高低，直接影响学校的规模、质量和发展前景。学生们创业意识和就业能力的高低，不仅决定了个人的生存和发展，实际上也决定了高校的生存和发展。学生在校学习期间，学校要以培养出色的创业意识和就业能力为目标，使他们练就过硬的就业能力，从而为自己找到理想的生存发展环境，进而为服务社会和实现自我价值的统一奠定基础。当前，要从根本上解决整个社会就业形势比较严峻的问题，以创业促进就业这一途径，是一个很重要的分流选择。21 世纪是知识经济的世纪，知识经济的一个重要特征，就是要靠创意成功。所以，以创业促进就业，从而解决就业和失业问题的历史重任，责无旁贷地落到了当代大学生身上。

四、大学生创新创业意识的形成途径

概括地说，大学生创新创业意识的形成途径，主要有以下五个方面。

（一）通过树立科学创业观，提高自身的专业素养和技能

首先，重塑科学的创业观，强化社会责任感。当前，大学生在进行个人职业规划时，必须端正自己的创业观，树立与社会主义市场经济相和谐的价值观和人生观。大学生应该脚踏实地，将个人价值的实现与社会价值紧密结合起来，强化自我的社会责任感，为国家的现代化建设贡献力量。大学生应该积极乐观地面对创业过程中的挫折，通过不断提升自己的就业能力和职业素养来提高创业成功几率，用实际行动证明自己的市场价值。

其次，发挥大学生创业优势，扩展创业渠道。在现有的社会职业领域中，大学生自己也可以另辟蹊径，开创属于自己的基础平台，积极筹备大学生自主创业。

最后，提高自我人力资源能力，做好创业准备。大学生更要清楚地认识市场，把握创新商机，发挥创新精神，尽早做好人生创业规划，准确定位创业方向，提高自己的职业素养和专业技能，锻炼自身的创业技巧，为创业做好充分的准备。

（二）通过创新创业指导服务系统和创业平台，接受创业指导

针对缺乏对学生创新创业指导的问题，政府部门和许多高校已开始加快建设统一长效的创新创业指导服务系统，并着手设立专门为大学生服务的创业咨询机构。这类机构针对大学生就业难、创业难问题，有针对性地进行科学而细致的剖析，帮助大学生正确定位自我，培养正确的择业观念与创业意识，加强求职技能和专业技能的培训，端正创业心态，重塑正确的创业期望。许多高校在实行创业教育指导时，将招生与就业、创业相融合，从指导大学生的专业选择着手，将创新创业教育循序渐进地渗透到创业和就业指导工作中，并逐步帮助、引导大学生在校内就做好自己未来人生为创业而进行的规划。学校还举办各种创新创业竞赛活动，将培养创新创业意识融入竞赛中；这类活动目前已经很多，如“挑战杯赛”“数学建模竞赛”“创业设计大赛”等。

（三）通过参与创新创业项目，提高竞争实力

国家为提高高校大学生的创新创业意识，相继出台了一系列鼓励大学生创业的优惠政策。许多在校大学生与毕业生更有享受创业优惠政策（如创业资金、场地支持等）的机会。这些优惠政策的出台以及创业项目的推出，极大地吸引和调动了大批创业团队申报创业项目。大学生积极投身于创业项目实践过程，可以结合自己所学知识和技能，提升自己的综合竞争实力。

（四）通过学习创业人才典范，规划创业方向

对高校大学生创业动力的影响，著名企业家典范的作用是显而易见的。随着信息传递的全球化快速流动，微博、微信、广播、杂志等媒体渗入每个大学生的日常生活，大学生可以随处了解到正面的创业典范人物，如对陈欧、马云、刘强东等著名创业家的介绍，了解他们的创业史；一些大学还邀请了与大学生生活非常贴近的创业家、企业家来校开展讲座和访谈。通过这些方式，青年学生可汲取他们的经验，并消除内心对创业的困惑，从而树立创业信心，端正创业方向。

（五）通过向校内创新创业教育的师资队伍学习，接受专业指导

开展创新创业教育的大部分高校，都拥有高素质、高水平的专业师资团队，这些教师能给予学生更加专业的指导，促使大学生创业实践活动取得成功。首先，创新创业教育的教师自身具有创业实践活动的相关经验，可以在第一时间答疑解难；其次，他们在创业项目开发和科研过程中，拥有正确而科学的创新创业教育理念；最后，这些教师能够运用自身的个人魅力和创业项目特色，吸引社会、企业以及学生参与，鼓励学生将创业活动与自身的科研成果合二为一，进而促使科研成果转化为商业产品，为企业提供新技术和新产品。

第四节　大学生选择创新创业项目的原则

创新是创业的开端，一个好的创意像一颗优质的种子，是创业成功的前提条件。在创新过程中，创业者运用创造性思维，摸索出许多新的知识，开发出许多新的产品，促进了人类社会的进步和发展。

一个好的创意只是创业者手中的一个工具，只是创建一个新企业的一个火花，而要实现这一创业，特别是一个创意能不能成为一个值得投资的市场机会，或者说，要把一个有前景的创意进一步转化为市场机会，还有很多事要做。因此，我们首先要强调，市场机会并不等于创意，有一个好的创意并不意味着一定有市场。一般来说，在有了创意之后，创业者仍需要进行市场研究，并在此基础上对市场机会进行辨别和筛选，由此获得响应市场需求、可行性高的创新创业项目。

一、创新项目来源的原则

社会经济的发展和科学技术的进步，会不断激发人们的想象和需求，为创业者不断提供新的创业机会。有句话说得好：没有饱和的市场，只有饱和的思想。创意可源于市场，也可源于新技术的出现、环境的变化、企业的研究与开发活动。

（一）市场需求原则

随着社会的发展，市场上会不断产生新的需求；如何满足这些需求，正是创意的最重要的来源。当我们在商场或服务场所听到消费者的抱怨时，一个新的创意、一个新的商机就已经出现在我们的眼前。

台商李先生本来在台湾地区与别人合作创办一家旅行社，他一面带着旅游团到祖国大陆游览，一面借机寻找在大陆投资的机会。他发现大陆沿海城市有很多制鞋厂，制鞋所用的鞋里布全要依靠进口。李先生看到了这里面蕴含的巨大商机，当即与人合作在福州开办了一家无纺布工厂，专为各鞋厂提供高级鞋里布。

英雷公司的创办者同先生了解到国内烟草、钢材和木材等行业的企业为控制产品质量，需要高精度地测量水分，而当时测定水分的仪器主要依靠进口的红外线水分测量仪，于是他利用业余时间研制水分测量仪，并取得了成功。1998 年他辞职下海创办英雷公司，生产的水分测定仪质量不低于进口产品，但售价只有进口产品的 1/3，后来该产品的国内市场占有率在 60% 以上。

日本声宝公司在市场调查研究中发现，在日本有 40% 的家庭主妇有全职或者兼职工作，其中 70% 在早上洗衣服，而多数家庭主妇又希望多睡一会儿。于是它推出了一种早晨全自动洗衣机，主妇们只要在临睡前调好时间，第二天早晨醒来，衣服就已经洗涤干净。这种洗衣机一上市，就受到家庭主妇们的欢迎，销量直线上升。

（二）技术发展原则

当今世界科技的迅猛发展，造就了许多以高新技术为主导的创业型企业。当新的技术出现时，就可能激发创业者的思维，形成新的创意，构思出新的产品。一项新的技术只有转化为新产品或服务，进入生产和消费领域，并满足社会需求，才能实现其价值；这也正是新技术的转化推广过程。当今遍布全国各地的高科技园区、开发区中的高新技术企业，正是由科技的发展、新技术的出现而推动的创业过程激发出来的。这类创意是将新出现的研究成果主动转化为产品，再通过营销手段引发消费者的需求。这类创意一般基于新的技术的出现，像计算机、互联网、无线通信、光触媒等技术由于“史无前例”，也就无法从市场需求方面对其做出很详细的评估和论证。这类创意在形成产品、实现创业的过程中风险很大，但一旦成功，就将具有“里程碑”的意义，又会激发形成更多的创意。

（三）现有产品改进原则

对生产企业来说，产品存在缺陷是很不幸的事；但对于处于竞争对手地位的创业者来说，这却是绝好的机会。创业者可以通过对市场上竞争者已有的产品和服务进行追踪、分析和评价来发现现有产品存在的缺点，从而有针对性地提出改进的方法，并借此开发出有巨大市场潜力的新产品。例如，美国杜邦公司在 1963 年推出了一种合成材料，目的是代替皮革，但是该产品价格较高。杜邦公司不惜成本做广告，搞促销。另外一家公司看到了杜邦公司产品销不出的主要问题是产品成本太高，因而研制出了另一种成本低的合成材料，产品价格便宜而又美观，很快占领了市场。杜邦公司在耗费了大量的时间和金钱之后，最终以失败告终。再如“南山”牌奶粉针对市场上绝大多数奶粉必须用热开水冲才能溶化并且饮用后容易上火的缺陷，进行技术攻坚，最后开发出“凉开水即溶，喝了不上火”的新型奶粉。凭借这一优势，“南山”牌奶粉在奶粉市场中所占的份额迅速上升。

（四）管理和经营创新原则

创意不仅可以来源于市场需求、新技术的出现和现有的企业，而且经营管理思想、方法或运作模式的改变也可形成新的创意。麦当劳并没有发明任何新事物，它提供的产品美国任何一家餐馆每天均可提供，但其运用新的管理方法，使产品的生产过程和服务标准化，既大大提高了产品质量，又开拓了新的市场。戴尔曾就读于得克萨斯大学，19 岁退学。1984 年，戴尔以 1 000 美元和一个在个人计算机业中前所未有的理念建立了戴尔公司。戴尔公司避开给产品增值较少的中间商，直接向最终用户销售量身定制的个人计算机。通过这种创新的直线订购方式和在业界率先倡导的服务和支援方案，戴尔公司已成为全球顶尖的个人计算机供应商之一，并且是领先的计算机直线订购公司和全球发展最快的主要计算机系统公司。戴尔公司在互联网上的领导地位带来了最新的全球革命，被公认为最大的计算机系统的网上供应商，每天在线销售额达 3 000万美元。

二、大学生创新创业项目构想阶段的原则

创意不一定就是创业机会。无数事例证明，新颖独特的创意并不一定能化作有效的市场需求，技术的先进性并不等于技术的经济性。在把创造能力和创新精神转化为创业机会的艰巨过程中，好的创意只是第一步。从思路到高潜力商机，再到成功企业的旅程，需要面对许多不确定的因素。因此，对创业机会进行评估和对风险进行充分认识，无论如何都不能忽视，它决定了整个创业理念的形成和贯穿，甚至创业结果的成败。

在创新创业项目构想阶段，要遵循以下原则。

（一）客观评估原则

创新创业者都应该学会客观评估。工程师与技术人员特别易于迷恋对产品或服务的构思，而忽视他们专职工作中必须对设计或方案进行的详细核查。避免这种错误的办法就是对所有的构思都进行严格的研究与调查。

（二）市场洞察原则

许多创业者还未认识到形成一套市场营销体系对于新公司发展的重要性，他们在管理上显得毫无远见。他们在推出一款新的产品或服务时，也并不考虑生命周期的问题。

没有能在一夜之间获利的产品；同样，也没有能永远获利的产品。

创业者不仅需要了解新产品的生命周期，还必须认识到产品推出时机恰当与否对产品成功的重要性。时机至关重要，过早或过晚都可能导致失败。

（三）对技术问题充分认识原则

新产品的产生往往需要新的技术。若未能预先对新产品研究或生产过程中可能遇到的技术难题做足准备，则可能会使整个企业就此失败。创业者在创办企业之前，必须对整个项目做彻底而准确的研究。意料之外的技术问题，通常会导致既耗时又耗财的麻烦。

（四）财务成本控制原则

新产品开发通常会遇到的麻烦是对整个项目所需资金的预算过度乐观。有些创业者根本不懂成本控制，或为其成本研究的不充分和成本计划的不周密而付出代价。

通常的做法是高估开发成本，使成本预算显得有较大的回旋余地，以至于实际需要数目还不及预算数目一半的情形也有发生。

（五）项目独特性原则

项目应独一无二。所谓独特性（uniqueness），就是要有能够吸引顾客的独特个性特征和设计理念，使得产品提供的性能或服务高于其竞争产品。产品本身的差异，可让顾客明白本公司产品与竞争者产品的不同。当消费者注意到了产品的优越性，定价便不再那么难办了。一种在很大程度上具有独特性的产品，能够获得由差异所带来的利益。

（六）依据相关法律法规原则

商业必须服从法律法规的要求。具体来说，一是必须保持雇员工作场所的安全，二是必须提供安全可靠的产品或服务，三是必须保护发明与产品的专利权、商标权和版权。忽视了这些，将导致大麻烦。

三、创新创业项目前期市场调研的原则

在创新创业的前期阶段，信息对创业者来说非常重要。所谓市场调研，是指为了提高产品的销售决策质量，解决存在于产品销售中的问题或寻找机会等，而系统地、客观地识别、收集、分析和传播营销信息的工作。创业者必须从市场上收集有用的信息，以对自己的创意和创意机会进行评估，消费者、客户、公众和创业者是通过信息联系起来的。市

场调研要确定所需的信息，设计收集信息的方法，监测和执行数据收集的过程，最后还要分析结果。市场调研是一个程序化的过程，其目的是把所收集的信息进行分析和处理，为决策者的决策提供指导性的意见。

创新创业项目的前期市场调研要把握以下原则。

（一）客观性原则

任何科学的研究都必须遵循客观性原则，市场调研也不例外。这一原则，要求研究者在市场调研的过程当中，对客观事实采取实事求是的态度，不能根据个人的主观偏见或偏好而歪曲事实，甚至捏造数据。

由于市场调研受到调研人员的观察角度和衡量指标的影响，市场调研的客观性更容易受到个人主观因素的影响。同时，研究的客观性还受到地域限制、价值取向与个人资质等方面的影响，因此，不可避免有一些主观因素会对调研的结果造成一定的偏差。为尽可能减少这些主观因素造成的偏差，调研人员应对结论中的偏差进行估计和修正，以保证调研的结果最大限度地接近事实本身。客观性能保证所收集和提供的资料的真实性，是市场调研活动的首要原则。

（二）科学性原则

科学性原则主要体现在研究及研究所涉及的结论的实证性和逻辑性上。市场调研的科学性要求市场调研人员树立科学的调研态度，提高对信息收集工作的认识，重视信息的收集、整理、分析中的特点与规律，遵守调研的程序和要求。同时，还要注意信息资料的时效性和保密性。这些都是市场调研科学性的要求。

（三）适用性原则

市场调研的适用性原则是指调查活动所提供的信息资料内容要适合企业进行决策时使用。有时对企业起关键性作用的信息就那么几条，如果在调研中收集到了许多数据资料，但是关键性的资料信息缺失或者不全，则会影响企业决策的科学性和有效性，还会浪费大量的资金。因此，市场调研活动应该尽可能收集和提供更多的企业所需要的信息。

（四）经济性原则

市场调研的经济性原则是指在确保能够获取企业所需信息资料的前提下，尽可能节约成本，降低费用，提高效率。

四、项目评估的原则

对创业投资者来说，创业机会的甄别类似于投资项目的评估。这对投资能否取得收益至关重要。同时，这也能帮助创业者从另一个角度来判断其创意是否具有继续发展成为一个企业的实际价值。事实上，之所以有60%～70%的创业计划在其最初阶段就被否决，就是因为其不能满足创业投资者的评价准则。根据这些准则，可以评判一个创意是否具有潜力较大的市场前景。在创业机会的识别与筛选时，应遵循以下原则。

（一）市场原则

市场原则要求以满足市场需求为前提，重点发展需求量大、发展前景广阔的产业或项目。

（二）效益原则

效益原则要求投资项目应有较高的投入产出比，即投资要讲究一定的回报率。

（三）符合国家产业政策原则

这一原则要求重点发展国家产业政策鼓励、支持的产业或项目，回避国家产业投资明确限制和压产的项目。

（四）充分利用当地资源优势和创业者自身优势的原则

这一原则要求选择创业者熟悉并拥有资源优势的项目，不盲目追求社会经济热点，以避免决策失误，浪费资源。选择一个创新创业项目，其首要任务就是对酝酿中的产品或服务的可行性做出准确的分析和评价。创新创业者必须对他们的设想做出这种分析，以确定他们的提议中是否存在致命的缺陷。

一个伟大的创意是成功创业的开端。创意的来源有很多，既可以是市场的需求、技术的发展和进步，也可能是管理和经营经验的一种累积。为了获得更加有创造性的观点，我们应该用怀疑的眼光来看待事物，充分发挥我们的想象力，围绕市场，让创意产生市场价值。

创意和市场机会有着密切的联系。创意可以来源于市场，但是创意并不等于市场机会，它仅是产生市场的前提。为了将创意运用到市场中去，我们应该积极地寻找机会，把创意运用到现实生活当中去，以产生实际应用价值。

为了将创意运用到市场，我们必须按照科学的调研方法对市场进行科学的调研分析。按科学性、客观性、实用性和经济性的原则来实施市场调研，收集有效的市场资料，并根据所收集的资料对市场环境做出客观判断。

根据收集的资料，为了让创意更好地转化为实际应用性的工具，我们需要对创业机会进行评估，主要包括对产业和市场、资本和获利、竞争优势、管理班子和致命缺陷等方面的客观、有效评估，以此作为选择创新创业项目的基本原则。

本章练习

思考题

1. 请阐述创新与创业之间的联系。
2. 请问不同时期大学生创新创业各有哪些特征？
3. 请问你对目前大学生创新创业的环境有些什么看法？
4. 请问你如何理解创新创业意识？
5. 请问选择创新创业项目有哪些基本原则？

综合训练

郭敬明创业成功案例

郭敬明，这个伴随着“80 后”成长的名字，如今他的小说也影响着“90 后”，并开始被“00 后”所喜爱。我们在这里不评判郭敬明的文学水平、导演水平以及身高，单以一个创业者的身份来看，他是极其成功的。

郭敬明大学时期便开始创业，虽然他常年霸占着中国作家收入排行榜榜首，但是他在商业上的成功甚至让他的作家身份也黯然失色。如果你只是觉得这个瘦弱的男人只会玩弄一些小女生喜欢的华而不实的文字，那么你就太小看他了。郭敬明绝对有着惊人的商业嗅觉。

郭敬明在大学时便成立了“岛”工作室，出版一系列针对自己小说受众的杂志与期刊，而后又成立柯艾文化传播有限公司，逐渐建立起自己的商业版图。而且，以今天各种期刊纷纷转型于产业链服务来看，郭敬明早在2005年就察觉了这一点。从那时起，他就为刊物读者提供“立体服务”，例如，推出音乐小说《迷藏》，推出小说主题的写真集，拍摄《梦里花落知多少》偶像剧。他在青春读物的基础上，打造了一条属于自己受众的文化消费产业链，开始深耕产业布局。而今，郭敬明已经用自己的小说《小时代》拍出了电影，第一部电影便直奔5亿的票房……

知乎上有人这么描述郭敬明：“其实中国的年轻人并没有什么本质的变化。对于大学和社会的幻想，对于爱情和成功的畅想，对于华服美食的渴望，是每一代中学生的必由之路。真正重要的其实仍是郭敬明本人。他或许是中国这二十年来唯一一个认真去满足上述需求的作者。”

请问：你认为真正优秀的创业者是干什么的？

要点提示

1. 在寻找创新创业机会的过程中，结合自身的优势和兴趣至关重要；
2. 企业所提供的产品与服务，必须紧紧围绕并引导受众的需求；
3. 相对于名人创业，在校大学生创业有船小好掉头的优势。

第二章　大学生创新创业的前提条件及培训指导

知识目标

了解大学生创新创业的各项前提条件，具备风险意识，接受必要的创新创业培训指导。

能力目标

掌握大学生创新创业的各项基本前提条件。

第一节　大学生创新的前提

创新是人类特有的认识能力和实践能力，是人类主观能动性的高级表现形式，是推动民族进步和社会发展的不竭动力。一个民族要想走在时代前列，就一刻也不能没有理论思维，一刻也不能停止理论创新。创新在经济、商业、技术、社会学以及建筑学这些领域的研究中，有着举足轻重的分量。

创新，最根本的一条路就是要靠教育。大学生接受着高等教育，学习着先进的科学文化知识，是富有智慧的群体，是有创造力的一代，是思维活跃的一个集体。今日的大学生是未来创新的主力军，担当着重要责任，因此，要努力把自己培养成为具有创新能力和创新素质的大学生，使自己成为适应知识经济时代和我国社会主义建设事业需要的创新型高级专业人才，进而报效祖国，为我们的国家做贡献。作为一名大学生，可以从下面几个方面，做好创新的前提准备。

一、认真自主学习

认真自主学习是大学生创新的根本。在学习上，要做到独立自主学习，认真地去思考老师提出的问题，独立完成作业，有意识地去培养创新这方面的能力，并要善于从不同的角度去思考，对老师讲的问题要学会质疑。有句话讲得很好："尽信书，不如无书。"在书海中遨游时，要做书的主人，敢于去挑战书中的观点、书中的方法。比如，一道几何题，不能局限于常规的解题方法，而应多动脑筋，多思考，寻求新的方法，找到解题的捷径；或者可以创造出新的题目，帮助自己去思考。跟着老师到实习基地去实习，应该突破思维定式，看看有哪些方法可以提高效率，努力尝试新的方法，敢于实践，勇于创新。

有创新志向的大学生，在校期间就应树立崇高的理想和志向，有意识地培养创业的意志品质。要把树立崇高理想这一基础和实际学习目标结合起来，在学习过程中不怕困难和挫折，严于律己，出色地完成学业。大学生接受着先进的科学文化知识，应该珍惜学习的机会，多阅读一些课外的书籍，拓展认知的视野，以便可以多角度考虑问题，培养自己创新的精神。

大学生要想培养创新意识，就应用心去钻研有关专业知识。特别是在创新实践中更要善于观察分析，把握事物的本质；要善于收集和利用信息，摸清产品运营的基本规律，积极主动去寻找和创造商业机会。同时，大学生要想挖掘自己的智慧潜能，就必须认识智慧潜能是一个内涵十分丰富而又极其复杂的综合概念。因此，在锻炼和培养自己的创新才能时，不能局限于单纯从成才的方面去寻求提高的捷径，而必须在多方面打好扎实的知识基础，既要通过学习增长知识，通过创新和实践来增加才干，还要通过创业过程中的竞争和自我否定丰富智慧，以求得创业才能的综合性提高。

与创新进程心态变化相对应的学习过程是：起初，被动盲目学习和积累→专注与目标直接相关的内容→扩大目标的外延→理解目标的社会背景和真实必要条件；接下来，在尝试、失败、总结、调整的循环中发现缺陷（包括知识、能力甚至目标本身的缺陷）并改进→领悟隐藏在市场、技术、商业背后的秘密即规律性→有的放矢地学习；最后，形成自己的观点和思维体系→有选择性地补充和提升知识水平。因此，大学生创新的知识、能力和素质一方面需要事先有意识的准备，另一方面需要在创新进程中不断完善提高。

二、积极参加各种实践活动

有创新志向的大学生应积极参加各种实践活动，在确立目的、制定计划、选择方法、执行决定和开始行动的整个实践活动中，实现自己的意志目的，锻炼自身的意志品质。在加强意志的自我锻炼的基础上，还应注意培养提高自我认识、自我检查、自我监督、自我评价、自我命令、自我鼓励的能力。

知识需要积累，能力需要锤炼，正所谓："冰冻三尺非一日之寒。"创新创业，往往需要通过长期艰苦的探索和磨炼，非一朝一夕之功所能成。因此，绝不能急功近利，拔苗助长。而且，有些东西是无法事先完全准备好的，即便事先准备得再好，真正面对实际问题时，又可能发现和学习的东西完全不同。当今社会为大学生自主创业提供了有利的条件和大好机遇，有这方面优势和志向的大学生，应该主动学习思索在积累知识和技能背后的更深层次的价值观、心态调整、方法论方面的共性问题，在此基础上，大胆做艰苦的尝试，勇于在实践中磨炼，成为新的创业者。

大学生创新需要在校期间有意识地做好准备。有创业志向的大学生在校期间应将树立崇高理想和实际学习目标结合起来，不怕困难和挫折，积极参加各种实践活动，加强意志锻炼，培养健全的人格和体魄。大学生创新，需要在创新过程中不断完善提高。大学生在锻炼和培养自己的创新才能时，要通过创新实践来增长才能，通过在创新过程中的竞争和自我否定来增长才能，以求得创新才能的综合性提高。

三、多参与相关科研项目

大学生参与科研课题的研究，对培养科研思维和创新能力，提高社会竞争力具有非常重要的意义。

“留心观察生活周围的事物，你会发现原来生活是这么美好”。大学生们可以多参与一些和专业相关或者自己感兴趣的科研项目。这里不妨举个例子：某校资源工程学院三位学生曾参与了该学院老师主持的福建土楼结构材料保护的研究和应用项目，通过自己的创新，不仅把所学知识应用在为地方经济服务当中，同时也弘扬了大学生在新时代的奉献、创新精神，值得提倡与学习。鼓励大学生参与科研课题是培养创新型人才的重要途径。高校教师结合承担的科研课题，指导大学生参与课题研究全过程，培养学生从实际问题中提取科学问题、获取知识和运用知识进行新的探索的能力，不仅具有重要的现实意义，也是有可操作性的。

四、敢于创新社团活动

社团活动对于大学生来说也是生活的一部分，它带给他们来快乐，提供给他们表现和表达的平台，让他们锻炼自我。对于社团的一些活动，大学生们也要敢于去创新，多想些比较新奇的点子，在符合实际的情况下，多创造一些新颖的活动。其中，活动的环节也可以去创新，让同学们感受到活动的丰富多彩，感受到趣味。一个活动的举办，其最终目的就是要有观众看。假如一个活动，整个活动下来都是冷场，那么，从某种角度看，这场活动就算是失败的。为了吸引人来看，活动的节目就不能太单调，不能太老套，所以，节目的环节就显得尤为重要。比如，之前我们能想到的无非就是一些小品、演唱，这样的话就显得太老套；假如我们在整个活动中加入一些新的活动方式，和观众互动，让观众参与到活动中来，比如在活动中加入抽奖环节，把奖品设置得丰厚些，这样是不是很有吸引力呢？暂且抛开节目质量，就说这些奖品，只要来观看就有机会获得，谁会不要呢？更何况，我们有经过筛选的高质量节目。另外，宣传对一项活动来说也至关重要，倘若一个活动人家都不知道，又怎么可能来参加呢？在宣传方式上，也是可以有创新的方面的，比如到宿舍去宣传，还有贴海报、利用网络，等等。

五、注意创新过程中的有用性

李开复曾在《做最好的自己》一书中提到，创新固然重要，但有用的创新更重要。这就说明了一个问题：创新并不是随意的凭空想象，它还必须具有一定的可行性。创新就是在知识积累和生活、工作实践的基础上，由一个新颖的创意而产生的对人们有用，同时又具备可行性的一种创造性活动。有用的创新，关键在于“有用”两字，也就是说，得有需求，有了需求就有了市场。比如说，袁隆平 1960 年前后经历了粮食饥荒，于是他决定用农业科学技术战胜饥饿。在这种情况下，他才培育成功高产杂交水稻，成了杂交水稻之父，为解决世界 1/5 人口的温饱问题做出了很大贡献。

第二节　大学生创业实施的条件

大学生有创业热情，但由于经验欠缺、能力不足、意识偏差等原因，导致创业成功率明显偏低。对此，我们在这里做一下探讨，尝试分析一下创业所需要的条件。自主创业是一件很刺激的事，同时它也属于“三高‘行业’”：挑战性高，技术含量高，淘汰率高。创业本身的过程是对创业者自身能力和智慧、胆识和气魄的一种全方位的考验，它对创业者的个人素质和能力有特定的要求。

一、创业者必备的心理素质

创业者本人的意志、品质、气质、个性、爱好、特长、商业意识以及性格等，与创业有着紧密的关联。合格的大学生创业者应具备以下条件：

第一，具有良好的心态。创业需要激情，不管遇到怎样的挫折和困难，都要积极面对。积极的心态就是把好的、正确的方面扩张开来，同时第一时间投入进去。一个公司肯定都有很多好的方面，也或多或少有不够好的地方，这时就需要用积极的心态去对待。也许在工作中遇到了很多困难，可是应该看到克服这些困难后的一片蓝天。同时，应该就正确的、好的事情第一时间去投入，唯有第一时间去投入，才会唤起自己的激情，唯有第一时间投入，才会使困难在自己面前变得渺小，好的地方在眼前发扬光大。积极的心态不但会使自己充满奋斗的阳光，也会给自己身边的人带来阳光，因而能够快乐地工作，积极地对待生活。

第二，勇敢，负责。大学生创业者对团队成员、投资者都必须有责任感，具有务实精神，能够踏实做事，待人诚恳，树立起一个领导者的亲和力与个人魅力。创业需要胆量，需要冒险。冒险精神是创业家精神的一个重要组成部分。创业家的冒险，是这样一种东西：你经过努力，有可能得到，而且那东西值得你得到。创业就是这样的冒险活动。除了勇敢，还要有责任心。既然选择了创业，成了企业领导者，就应该像老板一样思考，像老板一样行动。身为领导者，就应该心系全局，以身作则，以负责人的心态去做每一件事情。具有良好的创业心态，是每个创业者心智步入成熟、走向成功的基础。取得成功得意而不忘形，遭遇挫折临危而不慌乱，这些都是创业者保持良好心态的准则。

第三，要有信心和毅力。创业也许很顺利，也许是一条艰难和充满风险的道路。但不管怎样，对于一个创业者来说，首先要自信，要相信自己的选择是正确的，相信自己能够成功。自信是人生和事业成功的基础，如果你对自己的选择一点都没信心，不如干脆放弃。如果自己充满了自信，就一定会充满了干劲，就一定会开始感觉到这些事情是我们可以完成的，是我们应该完成的。不管人的天赋和受教育程度有多高，能力有多大，其在事业上所取得的成就总不会高过他的自信。正像人们概括的那样："如果你认为你能，你就可能；如果你认为你不能，你就根本不可能。"同时，毅力也是创业成功不可或缺的一点。有句名言说：伟大的成功者，是那些在多数人因失败而摘下头盔时，仍勇于抵抗的人。没有人可以一步登天，一而再再而三的挫败正是成功路上的指路牌。

第四，具备风险意识。具有了风险意识，有了充沛的精力和健康的体魄，具备百折不挠的意志品质和面临失败时的自我激励能力，具有献身精神，有达到目标的自信心、勇气和执着力，就能够解决创业时来自内部和外界的大量未知风险带来的各种突发问题，并承担巨大压力，经受失败的考验。

美国的心理测验专家约翰·勃劳恩说："创业的技巧虽然是学来的，但是具有某些素质的人占了先天的优势。"并不是所有的人都具有创业的素质，心理社会学家认为以下十类人不具备创业的素质：①缺少职业意识的人；②优越感过强的人；③唯上是从，只会说"是"的人；④偷懒的人；⑤片面和骄傲的人；⑥僵化和死板的人；⑦感情用事的人；⑧"多嘴多舌"与"固执己见"的人；⑨胆小怕事，无主见的人；⑩患得患失又容易自满的人。

二、大学生创业前必要的知识储备

创业者要有扎实的专业知识和宽广的综合知识，只有这样，才能正确分析形势，把握事物发展的全局，提出独到的见解和谋略，也才能认清事物的本质，把握其规律，实现创业目标。具体来说，要有相关的商业知识，如商品交换、商品流通等方面的知识；要有一定的管理知识，如人事管理、财务管理、物资管理、生产管理和市场营销管理等方面的知识；要具有相关的法律知识，如工商注册登记、经济合同和税务等法律知识。换句话说，大学生创业面对的是茫茫商海，仅具备基本的素质远远不够，还要做好许多知识和能力的准备。

第一，要具有扎实深厚的专业知识和广博的非专业知识。只有将深厚的专业知识和宽广的非专业知识相结合，才能从战略的高度正确分析形势和事物的发展趋势，用远大的目光和敏锐的洞察力把握事态的发展，产生精辟、独到的见解和谋略，才能认清事物的本质，把握其规律，确立并实现自己的创业目标。

第二，要有商业和经济学领域知识的储备，如商品交换、商品需求、商品流通、商品价值规律等知识。要通过学习这些商业知识，明了创业者在经济活动过程中怎样实现价值的增值、创造财富。

第三，应具备一定的管理知识，如人事管理、资金财务管理、物资管理、生产管理和市场营销管理等知识。要通过学习管理知识，改进管理方法，丰富管理经验，不断发掘新的管理资源，努力提高管理水平。

第四，应具备相关的法律和政策知识，如工商注册登记知识、经济合同知识、税务知识、知识产权保护等法律知识，它们对大学生创业必不可少，可以帮助大学生创业者顺利走好创业之路。

第五，应具备风险投资常识。大学生创业，绝大多数人拥有技术但缺少资金。技术和创新只有与商业和资本结合，完成研发和商品化，产生盈利，才能获得成功，也才能获得经济利益的回报。因此，大学生在创业过程中，有很大可能会去寻找风险投资（Venture Capital）。在国外，创业者寻求风险投资是最普遍的做法，国外的创业成功率之所以高，就是依赖于其高度发达的风险投资资本市场。创业启动资金和后续资金的充沛与否，已经成为创业者成败的关键因素，所以大学生要想创业，就必须具备一定的风险投资常识。为了筹集到创业所需要的足够资金，在公司创办之初，就要选择市场急需而且前景好、投资回报率高的项目，这样才能引起风险投资公司的兴趣。

三、创业者应具备的综合能力

对创业者来说，具备各种能力，是创业成功的前提条件。因此，大学生在开始创业前或在创业过程中，必须不断培养和提高自己的综合能力。

第一，创业者应具备学习的能力，即获取知识的能力，包括对知识的接受、转化与应用。要能够把在创业过程中遇到的实际问题转化成为自身的工作经验。

第二，创业者应具备实践能力、科研动手能力和开拓创新能力，能够将自己头脑中的思想、创意和灵感转化为现实的科技发明成果和现实产品。

第三，创业者应具备组织领导能力，即要有出色的领导水平，具备统帅和用人能力。创业者要有对自己员工的指挥、调动、协调以及对非人力资源的集中分配、调度和使用能力，还要有对公司组织机构的设计与再设计工作的能力，后者表现为对组织机构的设计、人员的配置能力，如对组织成员职位的任命安排，明确其职责范围，等等。

第四，创业者应具备管理能力，即要有经营决策能力、分析判断能力、指挥协调能力、抵御和化解风险的能力和信息处理能力。要能够对自己的创业项目进行计划、组织、领导和控制。

第五，创业者应具备协作能力。协作是创业者事业成功的重要支持力量，协作性是一种能设身处地为他人着想，善于理解对方、体谅对方，善于合作共事的心理品质，它与创业者独立思考、自主行动并不矛盾。培养协作能力，是创业者获得他人支持的重要前提条件。

第六，创业者应具备沟通能力。无论对团队核心人员还是对公司员工、合作伙伴、投资方等等，沟通都是最关键的。创业者要能够随机应变和左右逢源，在人际交往中能做到热情、真诚待人，能够洞察和理解对方的心理，促使相互间心灵沟通、情感融洽，获得理想的人际关系。

四、创业者必备的经营管理能力

经营管理能力是指对人员、资金的管理能力，它涉及人员的选择、使用、组合和优化，也涉及资金聚集、核算、分配、使用和流动。经营管理能力是一种较高层次的综合能力，是运筹性能力。经营管理能力的形成，要从学会经营、学会管理、学会用人、学会理财几个方面去努力。

第一，学会经营。创业者一旦确定了创业目标，就要组织实施；为了在激烈的市场竞争中取得优势，必须学会经营。

第二，学会管理。要学会质量管理，要始终坚持质量第一的原则。质量不仅是生产物质产品的生命，也是从事服务业和其他工作的生命；创业者必须严格树立牢固的质量观。要学会效益管理，要始终坚持效益最佳原则；效益最佳是创业的终极目标，可以说，无效益的管理是失败的管理，无效益的创业是失败的创业。要做到效益最佳，要求在创业活动中，人、物、资金、场地和时间的使用都要选择最佳方案运作，做到不闲人员和资金、不空设备和场地、不浪费原料和材料，使创业活动有条不紊地运转。学会管理还要敢于负责，创业者要对企业、员工、消费者、顾客以及对整个社会都抱有高度的责任感。

第三，学会用人。市场经济的竞争是人才的竞争，谁拥有人才，谁就拥有市场、拥有顾客、拥有发展。一个学校没有品学兼优的教师，这个学校必然办不好；一个企业没有优秀的管理人才、技术人才，这个企业就不会有好的经济效益和社会效益；一个创业者不吸纳德才兼备、志同道合的人共创事业，创业就难以成功。因此，必须学会用人，要善于吸纳比自己强或有某种专长的人共同创业。

第四，学会理财。要学会理财，首先要学会开源节流。开源就是培植财源；在创业过程中，除了抓好主要项目创收外，还要注意广辟资金来源。节流就是节省不必要的开支，树立节约每一滴水、每一度电的思想。大凡百万富翁、亿万富翁，都是从几百元、几千元起家的，都经历了积少成多、勤俭节约的历程。其次，要学会管理资金。一是要把握好资金的预决算，做到心中有数；二是要把握好资金的进出和周转，每笔资金的来源和支出都要记账，做到有账可查；三是把握好资金投入的论证，每投入一笔资金，都要进行可行性论证，有利可图才投入，大利大投入、小利小投入，保证使用好每一笔资金。总之，创业者心中时刻装有一把算盘，每做一件事、每用一笔钱，都要掂量一下是否有利于事业的发展，有没有效益，会不会使资金增值，只有这样，才能理好财。

第五，要讲诚信。就创业者个人而言，诚信乃立身之本，“言而无信，不知其可也”。创业者在创业过程中，如不讲信誉，就无法开创出自己的事业；失去信誉，就会寸步难行。所谓诚信，一是要言出即从，二是要讲质量，三是要以诚信动人。

五、大学生创业是对执行力的考验

在掌握了丰富的理论知识之后，就进入了创业最重要的环节——考验创业者的执行力。这项考验，会贯穿整个创业过程的始末。拥有强大的执行力，是创业者创业成功的最重要的保证。大学生往往由于缺少实际工作经验，因而在执行力方面显得尤为薄弱，这也成为导致大学生创业失败的一个重要因素。

所谓执行力，指的是贯彻战略意图，完成预定目标的操作能力。它是把企业战略、规划转化成为效益、成果的关键。执行力包含完成任务的意愿，完成任务的能力，完成任务的程度。执行力，就个人而言，就是把想做的事做成功的能力。构成执行力的四要素是：

第一，良好的沟通。要有效地提高执行力，在一般情况下，首先要进行充分的沟通，对完成目标任务取得较为一致的认同。否则，企业决策层再好的决策，经过中、下层执行的“七折八扣”，也就会走样了。曾经有一位策划经理说：“如果执行的方向错了，后果只有一个：你不是在计划怎么成功，而是在计划怎么失败。如果说有什么可以让员工更清楚执行的方向，那就是良好的沟通。将决策传递给各个层级的员工，帮助他们理解需要完成的目标，取得他们的支持，这是成功的保证。”

第二，赏罚分明。分明的奖罚措施，也是保证执行的重要条件，否则，人们就没有动力为公司做出更大的贡献。每个人的工作绩效，也就是他的执行力度，将直接导致他个人利益的增减。实际上，奖罚措施就是一种激励行为。当然，奖罚措施的细致、分明以及公平、公正、合理，是相当重要的。

第三，坚定的决心。有多大的决心，做多大的事。没有一定要完成这个项目的决心，就最好不要做这个项目，否则不但浪费了人力、物力，还会失去员工对你的信任，在你下一次做出决策时，就会得不到员工的支持。为了表明完成项目的决心，领导者可以制定一份跟进工作的计划：目标是什么，谁负责这项工作；什么时候完成什么工作；下一阶段的工作任务是什么；等等。要及时了解员工的工作情况，让员工真切感受到领导的决心。

第四，整合内部资源。对内部资源进行有效的整合，能充分调动员工的工作积极性。在挑选执行决策的人员时，领导者不能只看这个人的能力如何，还要看他是否对执行有热情，是否喜欢具体的执行工作。要充分利用人力资源，也就是使人尽其才，让每一个人都能有用武之地。人的工作做好了，会在一些事务的处理上产生良性的互动，使在不同岗位工作的人员按照企业的意志发挥效益，使他们各自掌控的资源得以合理地支配。

学术界对于团队执行力的理解是：将战略与决策转化为实施结果的能力。许多成功的企业家也对此做出过自己的定义。比如通用公司前任总裁韦尔奇先生认为，所谓团队执行力，就是“企业奖惩制度的严格实施”；而中国著名企业家柳传志先生则认为，团队执行力就是“用合适的人，干合适的事”。可见，团队执行力就是“当上级下达指令或要求后，各成员能够迅速做出反应，将其贯彻或者执行下去的能力”。一个好的集体，一个具有竞争力的集体，需要具备许多因素，包括“集体文化”“集体理念”等，此外，团队执行力也是一个非常重要的因素。

创业不是一个人在战斗，而是一群人在协同作战。这时，团队执行力就显得尤为重要。一个缺乏团队执行力的团队，一般会暴露出四大类问题：①下属缺乏贯彻执行能力的人员问题；②执行结构过于复杂，不适合贯彻执行命令的结构问题；③下属缺乏贯彻执行的原动力，或者下属贯彻执行时态度不端正的士气问题；④团队缺乏明确奋斗目标或奋斗理念的团队文化问题。

每个团队都有它的核心，用通俗的话来说就是其领导班子。领导班子结构既不可过于简单，也不可以过于复杂，它需要根据整个团队的人数以及需要执行任务的难度而定。如果一个团队人数偏少、任务偏易，而执行结构却又偏复杂时，往往会导致上级的精神与指示不能及时执行与贯彻下去；相反，如果一个团队人数偏多、任务偏难，可是执行结构却过于简单的话，往往会导致下级在执行任务时目的性不明确，且任务过于繁重。由此可见，要作为一个具有高执行力团队的领导者，必须把握结构复杂或简易的度。

现实资料表明，大学生在创业过程中，执行力不足的问题尤显突出。大学生还在校园中生活，最多也就是刚从学校里走出来，没有工作经历，对执行力的认识大多数还停留在理论层面，缺乏实际工作经验，因而在创业工作中，极明显地暴露出执行力不足的问题。大学生在学校期间，动脑时间要远远大于动手，而在创业过程中，动手的时间要远远大于动脑；对于这个转换过程的适应，是大学生在创业过程中应当特别注意的一点，千万不要让“执行力不足”这一问题成为大学生创业的软肋！

六、大学生创业的基本硬件条件

心理准备是非常重要的，如果没有足够的思想准备，那么创业是很难成功的；“态度决定一切”，这是问题的一方面。问题的另一方面是，虽然态度很重要，但是如果没有必要的硬件条件，那么创业也很难成功。下面我们来探讨一下创业所需要的硬件条件。

（一）项目选择

能否选择既有市场需求又符合自己特长的创业项目，这是大学生创业者必须好好掂量掂量的问题。一般来说，大学生创业者既要客观地分析自身的创业条件，更要冷静地分析创业环境，要立足于技术项目，尽量选择技术含量高、自主知识产权明确的项目，进而在技术创新的基础上，做好产品市场化工作。在选择过程中，切忌盲目跟风。此外，还要切记一点：做熟不做生，一定要选择自己最熟悉、最擅长、最有经验、资源最丰富的行业来做。

一般情况下，好的项目应具备三个要素：①市场竞争势头弱，可塑性强的行业；②市场潜力大，有可开发性，需要长期培养的市场；③见效比较快的行业。同时具备以上条件的项目，是大学生创业者值得投入的。

（二）经验

经验不足，缺乏从职业角度整合资源、实施管理的能力，会大大降低大学生创业的成功率。因此，大学生创业不能纸上谈兵，而应具备一定的企业管理及市场营运知识和经验；即使是两三个人的“办公室式”的小企业，也必须有明确的财务和人事制度。

（三）资金

创业者要学会筹措资金，创业之始先走融资之路。在创业资金方面，一般筹措的渠道，除运用自己的积蓄外，便是寻求亲朋好友的支持，或是再结合一两位志同道合者共同投资创业等。除此之外，还可以运用贷款的方式筹措资金，比如创业贷款、抵押贷款；或者将技术评估作价，以技术入股的方式寻找投资方；等等。

创业者从一开始就要为企业向银行贷款做准备，这样一旦公司发展到扩大生产，需要一笔资金时，就可以很容易从银行得到贷款。总之，要学会用银行的钱去赚钱。

（四）团队

在风险投资商看来，再出色的创业计划也具有可复制性，而团队的整体实力则是难以复制的。因此，他们在投资时，往往更看重有合作能力的创业团队，而非那些异想天开的单干者。所以，创业者具有团队意识，要充分认识到创业不是一个人在战斗，因而要学会凝聚起整个团队的力量。反过来讲，一个能让创业者思想、能力、认识水平不断提高和善于学习、借鉴的团队，是创业成功与否的关键所在。

总之，大学生创业，三思而行是必要的：首先是认清自己，如果觉得自己还不具备创业的条件，那就先就业，积累经验；如果已下定决心想创业，那么是否对创业有正确认识，是否有良好的心态，是否有信心和毅力，是否有好的项目，是否能够筹措到资金，都是在创业前必须仔细衡量的关键要素。只有如此，才有可能踏上成功创业的第一步。

第三节　大学生创新创业的风险意识

创新创业本身就是一件高风险的事。正如彼得·德鲁克所言：真正重大的创新，每成功一个，就有99个失败，有99个闻所未闻。创新创业是建立在创新基础上的创业，但是创新受到人们现有认知、行为习惯等方面的影响，它们阻碍对创新的接受，使得创新创业会面临比传统创业更高的风险。

正是由于风险高，创新创业往往要求更高的回报。创新创业是通过对已有技术、产品和服务的更优化组合，对现有资源的更优化配置，给客户带来更大、更多的新价值，从而开创所在创业领域的“蓝海”，获取更多的竞争优势，也获取更大的回报。

创新更是一个民族进步的灵魂，是一个国家兴旺发达的不竭动力。当今世界，创新创业精神的倡导，对一个国家经济的快速发展有不可估量的作用，创新创业早已成为一个国家经济持续繁荣的基础和经济可持续发展的原动力。

创业过程中机遇与风险并存。本节主要讨论风险的概念及特征，并对风险的来源进行分析和论述；在此基础上，进一步讨论如何对风险进行防范，为大学生的创新创业提供风险意识准备。

一、风险的概念

所谓风险，是指发生损失或伤害的可能性，以及这种可能性大小和损失的程度。它既侧重于某些偶然事件导致的损失，又重点强调损失可能性大小的可度量性。

二、风险的特征

风险具有以下四个方面的特征。

（一）客观性和普遍性

风险是客观存在的，且不以人的意志为转移。同时，风险无处不在，无时不有，无论是自然界的物质运动还是社会、经济发展的运动，都是由事物的内在因素所决定，由超越于人们的主观意识而存在的客观规律所决定的。风险的客观性和普遍性还表明，虽然其发生的范围、程度、频率或形式、时空等都可能表现各异，但它总会以各自独特的方式表现出自己的存在，是一种必然会出现的事情。

（二）风险的时空性

风险无处不在，无时不有。时空是导致风险发生的主要因素，只有在某一时空上观测未来发生的事件时，才存在风险。这是由于：在未来发生的事件，因客观不确定性而导致与事件有关的信息表现不充分，以及因主观不确定性而使观测者对已存在的客观信息不能准确把握、正确运用，从而形成风险。

（三）风险的偶然性与必然性

对于创业者来说，风险具有偶然性。它可能来自自然界、人类社会以及经济主体的决策，完全是偶然的，或者说其出现带有随机的性质，既可能发生也可能不会遇到。这就是说，单个风险的发生具有偶然性，但多个事件集合在一起，风险的发生就具有必然性。

（四）可计算性和不可计算性

风险的可计算性表现为，人类已发展了一些计算方法和测量工具来估算风险造成的危害及其相应的补偿。但可计算性只是相对的，仅体现了人类控制和减少风险的企图。经济补偿无法完全抵消风险带来的损失与伤害，并不能从根本上消除风险。因此，必须承认风险的不可计算性，不可计算性揭示了风险发生后的不可逆性。

三、风险的来源

风险的来源可以从创业前期、创业过程和创业后期三个阶段分别加以叙述。

（一）创业前期的风险

对创业者来说，创业前期的风险主要有：

第一，临渊羡鱼。古有格言："临渊羡鱼，不如退而结网。"有些人看到成功者品尝甜果时，心中好生羡慕，殊不知在甜果中浸满了成功者的汗水和辛劳。一切成功都从艰苦中得来，创业尤其如此。凡是成功者，在他们前进的路上离不开艰辛的劳动。对于创业者来说，创业是一个复杂艰苦的过程，必须下苦功夫；只有经历艰苦的锤炼，才有成功的欢悦。

第二，悲观主义。每个正常人的内心深处都有一点悲观主义，每个人一生中都难免有时候会受到人生虚无飘忽感的侵扰。然而不同的是，有的人被悲观主义的阴影笼罩失去了行动的力量，而有的人则以积极行动抵御悲观主义。创业过程中难免遇到挫折和困难，如果创业者是一个悲观主义者，一碰到难以解决的问题就灰心丧气，再无当初的雄心壮志和激情，尤其是作为团队的领导者，当身上有了悲观的迹象时，整个团队就会被一种悲观主义的情绪笼罩。悲观主义的人在危急关头会失去激情，失去面对现实环境变化的灵活和机智，失败当然就在所难免。

第三，计划不明。凡事预则立，不预则废。机遇从来都是垂青有准备的人，同样，失败也很少放过那些胸无成竹的人。创业走的是一条创新的路，一条冒险的路，其间任何一步，都要靠深谋远虑和机智灵活方能踏过；如果一个人只是空有一番雄心，而无明确且符合实际的计划，那么他的创业之路将很难走远。计划不明就意味着是盲目的，至少他在前行的过程中，碰壁不可避免。目标是一个计划的先导和核心，有明确的计划，才能实现目标。而且，计划是创业过程中具有指导性、方向性的东西，计划的错误或者不明确，都会给创业者带来苦头，尤其是关键细节与重要步骤，如果计划不明，失败就会随时到来。

第四，资源不足。资源不足体现在两方面：

一是没有市场。创业想要成功，在很大程度上依赖于市场；没有市场的创业，一定不会成功。如果在创业前错误地估计了市场，会导致整个企业的失败。有一些产品，尽管它是一种创新，而且也很管用，但可能因为高昂的价格或信息传递有误，无人问津。

二是缺乏足够的流动资金。创业者在创办公司时，务必要充分估计到资金的需求量，而且一定要有资金余地。对公司的资金回流做最保守的估计，对创业初期的资金需求量做最为大胆的估计，这两点有助于公司度过最初的难关。

第五，仓促上阵。仓促上阵表现在：

首先，低估了创业起步阶段所需的时间。一家公司从无到有，从小到大，往往需要一个较长的准备时期。在这一时期内，你的公司只会投入，不会有任何盈利。从创业过程来看，一家公司在盈利之前，必须完成大量的工作，如寻找厂房、加工设备、制作产品、联系客户等，同时还要办理许多事情，如各种证件和手续，要和政府的许多部门打交道。而且，在创业的初期，很可能没有几个客户会来光顾你的公司。对于这一点，务必要做好足够的心理准备。

其次，创业缺乏“地利”。如果把“地利”狭隘地理解为选择企业的所在地，那么你在选择、考虑的时候，房屋租金、社区环境、与目标客户群的地理关系、与供应商的地理关系等，都应在考虑的范围内。在这些问题上做出选择所依据的原则是：与企业的形象、业务相匹配。

再次，缺乏创业经验。从零开始创建一个企业，实际上对创业者提出了严峻的挑战。这时候，作为一个创业者，你需要去做很多不同领域的事情，如销售、采购、财务、设计、广告、生产、送货等。可能创业者在某些方面有经验，但在另一些方面却一点经验都没有。没有经验，可能会对企业的经营造成不利影响，甚至会犯一些致命的错误。

最后，对竞争对手缺乏应有的估计。现代社会中，任何一个行业都存在着激烈的竞争，任何公司都有许多竞争对手。所以，当你决定进入某个市场时，你必须要考虑该市场现有的状况，以及现有和潜在竞争对手的情况。有些创业者对于竞争对手不能做出一个合理估计，不能正确地评估自己企业的竞争力，甚至不了解竞争对手是谁，不懂得拿自己和竞争对手的优势、劣势进行比较，乃至有人竟认为自己的优势最大，竞争对手都不值得自己去研究。

（二）创业过程中的风险

创业过程中的风险主要是：

第一，目标游离。人的精力有限，当你像走马灯一样，频繁地更换你的目标，你的目标就不是有效目标；这就需要你静下心来，调理思绪，然后清理出你的目标。

这些是你真正的目标吗？你想做这些事，是因为这是你真正的目标，还是因为别人在做这件事并且取得了成功？如果这不是你真正的目标，或并非真的适合你，你只是在不断追随潮流，那只会使你疲于奔命，一无所成。一个明确的目标是成功的第一步，有了它，你的努力才会有方向，也才会有的放矢，使创业事半功倍。

第二，急功近利。创业的成功之路，更像一场马拉松赛跑而不是百米冲刺：前一百米的领先者不一定能成为全程的优秀者。在漫长的创业征途上，切忌急功近利，你的基础和积累将起到决定性作用。

第三，孤军奋战。现代社会，人与人之间的联系越来越紧密，社会专业化程度越来越高。我们需要和客户打交道，和政府部门打交道，和合作伙伴打交道。很多事情靠一个人单打独斗不可能完成。因此，需要一个有力的团队，来自团队的支持与互动对事业的成功起着非常关键的作用。孤军奋战不但会使我们疲于奔命，也不可能使创业者取得成功。

在一个人最初创业的时候，就要开始逐渐构筑团队的支持。要由一点点做起，慢慢地扩大自己的联系范围，当强有力的团队和网络建立起来后，你就会发现，再做起事情来如鱼得水，游刃有余。

第四，遇难而退。任何成功的创业者都必须具备坚忍不拔的创业精神，这是成功的必要条件。不怕苦、不怕累、不怕失败、勇往直前，不达目的决不罢休，这就是创业精神。在创业期间，很多困难和挫折是无法预料的，诸如销路问题、质量问题、管理问题、资金问题、人员问题等。没有创业精神的创业者在这些挫折和困难面前，就会心灰意冷，停滞不前。因此，很难相信，一个没有创业精神的创业者会取得成功。

（三）创业后期的风险

创业后期的风险主要是：

第一，好大喜功，盲目冒进。大多数创业者思想解放，个性执着，敢作敢为，这些性格容易使他们在创业初期的商业浪潮中获得成功。但随着企业规模的扩大和实力的增强，个人追求财富的欲望膨胀，再加上市场环境日渐规范和竞争的日趋激烈，他们执着的个性开始显示出脱离实际的倾向，企业的行为也日渐围绕着个人的喜好而波动。有的企业开始盲目冒进，渐渐丢失创业初期的风险感和谨慎心理，直接的后果是听不进反对意见，有的企业甚至根本不允许反对的声音存在。这就直接成为企业悲剧的开始。

第二，坐享其成。有些创业者事业刚刚成功就失去了进一步奋斗的进取心，就像当年李自成进北京一样，坐享辛辛苦苦打下来的江山，却不去考虑如何巩固江山，如何开拓新的领域。当然，或许还有一些主客观原因，导致他们只满足于现状而不思进取，或者采取一些拙劣的手法、省事的途径维持现状，对陌生领域无心去经营，拿别人创业成功的经验照搬照抄，对自己企业的前景预测也凭想当然。

第三，挥霍浪费。在创业初期，大多数创业者都能做到开源节流，艰苦勤俭，因为当时根本没有资金可供其浪费，手里的钱省着还不够花。可是当创业成功后，企业有了资源，有了资金，在某些方面多花一些和少花一些并不显眼，而且有的创业者以为苦尽甘来，放松了意识，再加上若管理上出现混乱，往往会出现虽然企业的业务在不断增长，可到头来利润却有可能下滑的局面，这里的关键就在于没有很好地控制成本和费用。

第四，小富即安，缺乏创新。小富即安，看不到更为广阔的市场，否定自身可以发展壮大，不敢找高手竞争，被老本行困住思想和手脚，走不出圈子，按固定的套路操作，一成不变，导致创业的失败。

创业的过程就是不断创造与创新的过程。创新是企业唯一的生命线，失去创新，企业将停滞不前，甚至衰亡。企业得以生存和发展的根本，就是要能不断地满足社会不断增长的物质和精神需要。企业要做到这一点，唯一的方式就是不断进行创新。走在时代前列的创新将引领企业走向繁荣，没有创新，就是抱着钱袋子也赶不上时代的潮流，必然会成为失败者。所以，创业者要不断培养敢于实践、敢于创新的精神，紧扣时代的脉搏，把握创新的时机，使企业永远走在时代的前列。

四、如何防范风险

（一）学会分析风险

大学生创新创业者对每一个经营环节都要学会分析风险，做什么都不能满打满算，要留有余地；对可能出现的风险，要有明确的认识和克服的预案。要认识和分析风险，就必须对自己将要采取的方案和计划有足够的认识。因此，又快又好地收集相关的信息是首要任务。

（二）善于评估风险

所谓风险评估，就是对所要采取的风险管理手段进行成本收益的量化分析。此类工作常需要专家和专门技术的支持，如估计风险发生的概率、风险带来的利弊大小的权衡等。通过分析，判断风险可能带来的负面影响。评估风险一般是遵循以下原则：第一，风险的重要性。风险的重要性取决于其潜在的损失程度。第二，风险的整体性。对于同一事故所引起的所有损失，必须一同考虑。第三，风险的安全性。风险的发生可能导致设备或设施的损坏，甚至影响到人身安全。第四，风险的损失性。发生风险后的影响，可能会超过事先估计的所有损失之和。第五，风险的时间价值。在考虑损失数额的同时，还要考虑到损失的时间价值。

（三）风险回避

所谓风险回避，是指考虑到影响目标达成的诸多风险因素，结合创业者自身的风险偏好和风险承受能力，从而做出的终止、放弃某种决策方案的风险处理方式。风险回避的前提是，创业者对自身的条件和外部形势、客观存在风险的属性和大小有准确的认识。这种处理方法的优点是：第一，在风险产生之前将其化解为无形，有效地避免可能发生的风险损失。第二，减少企业资源损耗，使企业有的放矢，在市场竞争中有所为有所不为。但风险回避也有一定的缺陷：首先，风险与利益、机会相伴而生，回避风险，很大程度上也就意味着放弃了获得收益的机会；其次，风险无处不有，无时不在，绝对的风险回避不太可能实现。

（四）积极预防风险

不要等到风险化为危机才去采取措施，积极预防风险能有效地降低成本，获取收益。如对投资方案进行评估，对市场进行周密调查与制定科学的资金使用方案等。一旦某一环节出现问题，要有采取补救措施的预案，尽可能减少负面影响。同时，要加强管理，建立健全的企业规章制度；在平时的业务交往中，要认真签订、检查各类合同，加强对合同履行过程的监督；再有，为公司的研发技术申请专利，为自己创建的品牌注册商标，等等；这些都是积极预防风险发生的措施。

（五）化解风险

当风险已经转化为危机时，要果断采取有效的补救措施，使危机转变为有利的机会，从而达到化解风险的目的。这需要创业者们冷静下来，开动脑筋，运用思维和智慧，启动应变计划，制定相应对策，将危机的负面影响降到最低。

总之，风险是客观存在的，以上只是简要地概括了风险的概念及特征，并对风险的来源进行了分析和论述，且在此基础上，提出了如何对风险进行防范。实际的经营中遇到的问题可能更多、更复杂，这时，大学的创新创业者们应当根据所处的行业、不同的创业阶段、经营的具体环境以及事件发生的具体情况，采取相应的对策、措施，努力规避或降低创业风险。

创新创业的过程就是开辟新的基业的过程。要创新就会有风险。正确的面对创新创业中的困难，是实事求是的具体体现。面对创新创业各种风险，对大学生创新创业者们来说，是一次次学习的过程，可以用来磨炼自己。多数大学生能较客观、理性地面对创新创业风险，这至少为大学生创新创业增加了成功的几率。只有在创新创业之前清楚、客观地认识创新创业的风险，才能有的放矢，处理创新创业中遇到的困难。

第四节 大学生创新创业的培训和指导

创新创业是说的人多，做的人少，成功的人更少的一件事。很多的大学生都是一时冲动之下去准备创新创业项目，结果由于没有什么准备落得个惨败而归，不仅经济受损，信心也受到打击。大学生在创新创业准备和进行过程中，如果能够得到一定的培训和指导，就会极大限度地提高其成功率，产生事半功倍的效果。创新创业的培训和指导进一步改革了我国高校人才培养模式，开发了大学生的创新创业潜能，强化了学生创新创业能力训练，增强并提升了大学生的创新精神与实践能力。通过创新创业的项目培训和指导，可以充分调动广大在校生参与创新创业的积极性和主动性，有助于提高大学生的创业和就业能力。一般而言，以下五个方面的培训和指导对大学生创新创业必不可少。

一、创业相关知识的培训和指导

创业是一种创新性活动，它在本质上是独立开创并经营一种事业，并使该事业得以稳健发展、快速成长的思维和行为活动。走上创业之路，是人生的一大转折，它是成就自己事业的过程，是自我价值和能力的体现。创业要直接面对社会，直接对顾客负责，个人的收入直接与经营利润紧密相连，所以其实创业就是解决一个接着一个矛盾的过程。史蒂文森、罗伯茨和罗斯贝克提出："创业是一个人——不管你是独立的还是组织内部的——依靠运气追踪和捕捉机会的过程，这一过程与当时控制的资源无关。"史蒂文森还进一步指出，察觉机会、追逐机会的意愿以及获得成功的信心和可能性这三个方面对创业尤为重要。

创业具有四个特性：一是创业具有新颖性，或者是新产品、新服务，或者是新事业，或者是在原有的基础上达到新的规模或进入新的层次；二是创业具有主动性，是人们有意识有目的的活动，是积极进取精神的体现，是使命感的驱使；三是创业具有艰难性，有人形容为"是赤着脚在布满荆棘的市场上踏出一条自己的路"；四是创业具有影响性，对个人、家庭、社会产生较大的影响。

大学生创业应该具备较高程度的现代化的经济、技术知识，眼界开阔，思路敏捷，敢于吸收国内外先进技术和成功的管理经验。创业的知识素养包括许多方面，如对行业的认识，对企业的基本认识，尤其是最基本的科学文化基础知识、专业技术知识、现代经营管理知识和领导科学知识等，还有创业过程中可能遇到的一些概念，如商业模式、平台、资金流、股权结构、融资等。

第一，专业知识。专业知识的积累主要应在在校期间完成，大学生对此要有正确的心态，做好心理和技术上的准备，并通过实践，将专业知识转化为专业技术能力。

第二，营销知识。如市场调查与预测，消费心理、特点与特征，定价策略，产品促销策略，销售渠道方式，营销管理，等等。

第三，资金及财务知识。如货币金融知识，信用及资金筹措知识，资金核算及记账知识，证券、信托及投资知识，财务会计基础知识，外汇知识，等等。

二、创业团队组建与管理的培训和指导

（一）创业团队的组建

团队对于创业极端重要。人的能力有限，何况术业有专攻，只有集结一群有能力并且有凝聚力的人，在互信的前提下，为同一目标而付出努力，选择合适的人在合适的位置做其擅长的工作，才能产生“1 +1 >2”的效果。创业者能否走得更远，取决于创业者和创业团队的基本素质，企业的成长是人才成长的集中体现，企业的成功也是人才的成功。搭建一支优秀的创业团队，对任何创业者来说，都是一项至关重要的工作，它决定着创业者的成败。

这里重点讨论一下创业团队的组建策略问题。

优秀的团队的标准是具有高度责任感、成功的行业经验和紧密合作的心态。怎样才能组建一支优秀的创业团队呢?

世界上的人虽然各种各样，但用创业者用人的眼光去看，大致可分为三类：一是可以信任而不可以大用者及那些忠厚老实但本事不大的人；二是可用而不可信任者，即有些本事但私心较重，为个人利益而专营弄巧，甚至不惜出卖良心的人；三是可信而又可用的人。创业者都想

找到第三种人。但是这种人不易识别，往往与用人者擦肩而过。为了企业的发展，创业者各种人都要用；只要在充分识别的基础上恰当使用，扬长避短，合理配置，就能最大限度发挥其作用。

一个有效的创业团队应该：

第一，志同道合，目标明确。只有坚定的信念与明确的目标才能促使团队走向成功。

第二，知己知彼，百战不殆。绝大多数的创业团队的核心人物都很少，一般3～4人，多也不过十余人。创业团队的人员虽少，但是每个人都有自己的看法和观点。因此，优秀的创业团队的所有成员都应该互相非常熟悉，知根知底，这样才可以很好地避免团队成员之间因为不熟悉而造成的各种矛盾、纠纷，迅速提高团队的向心力和凝聚力。

第三，完善股权设置，保障利益共享。在个人创业的初始阶段，一定要具有群做群分的意识。也就是寻找一群志同道合的人一起来合作起步，共同发展，且做到清晰且无争的利益分配。

第四，相互补充，相得益彰。团队虽小，但是五脏俱全。优秀的创业团队成员应该各有各的长处，大家相互结合在一起，正好相互补充，相得益彰。

第五，坦诚相见，相互尊重。作为团队成员，在平时的交往中要坦诚相见，互相尊重对方。要摆正自己的位置，常常在心中提醒自己：大家都是为了共同的利益才走在一起的。遇到问题和矛盾时应该向前看，向前看利益的一致，因为成功会给大家带来更丰富的收获。

（二）创业团队的管理

创业团队对于创业成功具有重要的意义，但并非所有的团队都能获得成功，团队的管理也非常重要。团队的管理是一门艺术，要针对具体的情况来灵活进行，但也有一些普遍性原则可以利用。

1. 组织：

（1）列出公司关键管理角色和将承担这些角色的人员。

（2）如果企业成立初期，某些关键人员不能进入董事会，要确认他们什么时候将加盟。

（3）讨论现在或过去的各种情况，以及在这些情况下，关键管理人员如何在一起工作，从而如何进行技能补充并形成一支有效的管理团队。

2. 关键管理人员：

（1）对于每一个关键管理人员，都要对其事业的精彩部分，特别是有关专业知识、技能和成就的记录了如指掌，它们展示了关键人员完成所分配角色的能力。

（2）明确管理团队中每个关键人员的主要职责。

（3）对每一个关键管理人员强调他们的工作经验和成就。

3. 管理回报和所有权：

（1）说明每月支付的月薪、计划安排的股票所有权和管理团队中每个关键人员的股权。

（2）比较每个关键人员做上一份工作时所得的薪水与回报。

4. 时间管理：

时间是成本，正确合理地管理好时间，可以节约大部分成本。80∶20定律指出：在任何事物中，最重要的、起决定性作用的只占其中的20%；其余80%的尽管是多数，却是次要的、非决定性的。

5. 激励：

激励是团队管理中极其重要的内容，直接关系到创业企业的生死存亡。如何对企业团队进行有效激励，现在还没有固定的程式可以套用；但可以通过授权、工作设计、薪酬机制等诸多手段来实现。

三、商业计划书撰写的培训和指导

所谓商业计划书，即一份关系到未来企业要做什么、如何去做以及获利情况的说明文件。商业计划书是整个创业过程的灵魂，几乎涵盖了创业的全部内容。一份切实可行的商业计划书可以指引创业者走向成功，一份漏洞百出的商业计划书足以令创业者走向毁灭。根据不同的目的，商业计划书的写作重点也有所不同。因此，大学生在撰写商业计划书之前，为确保商业计划书能“击中目标”，应做到以下几点。

（一）关注产品

比尔·盖茨有一个概念：不是所有行业赚的钱都是一样多的。因此，在商业计划书中，创业者应该提供所有与企业的产品或服务有关的细节，包括企业所实施的所有调查。这些细节的提供可以使出资者充分了解你的企业、你的产品，让他有信心认为你的产品会在一个地区、一个国家乃至在世界上产生革命性的影响，使得他和你一样对产品抱有浓厚的兴趣。另外，在商业计划书中，创业者不要烦琐、拖沓地描述的你的产品及其属性的定义，要尽量用简单、准确的语言进行阐述。

（二）敢于竞争

在商业计划书中，创业者应细致分析竞争对手的情况。竞争对手都是谁，与你的产品相比，他们的产品有哪些相同点和不同点等，然后再向投资者展示你的企业和产品相对于每个竞争者所具有的优势及原因。另外，创业者还应阐明竞争者给本企业带来的风险以及本企业所采取的对策。商业计划书要使读者相信，你的企业不仅是行业中的有力竞争者，而且将来还会是确定行业标准的领先者。

（三）了解市场

在我们决定做一项事业之前，可以先看看亚洲首富孙正义。他在24岁创业之前，研究了40种行业，因为他要通过研究分析，找出哪种行业最赚钱。孙正义的做法给我们的启示是，一定要先对你即将投入的市场有深刻的认识和充分的评估。

商业计划书中应包括一个主要的营销计划。在这个计划中，写明企业的销售战略，如企业是使用外面的销售代表还是使用内部职员，是使用分销商还是特许商，等等。总之，要给投资者提供企业对目标市场的深入理解，就要细致分析各个因素所起的作用。

（四）表明行动的方针

企业的行动计划应该无懈可击。商业计划书中应该明确下列问题：企业如何把产品推向市场，如何设计生产线，如何组装产品，企业生产需要哪些原料，拥有哪些生产资源，生产和设备的成本是多少，企业是买设备还是租设备。此外，还要解释与产品组装、储存以及发送有关的固定成本和变动成本的情况。

（五）展示你的管理队伍

把一个思想转化为一个成功的企业，其关键的因素就是要有一支强有力的管理队伍，这支队伍的成员应该具备较高的专业技术水平、管理才能和相关的工作经验。管理者的职能就是计划、组织、控制和指导公司为实现目标而采取的行动。在商业计划书中，创业者应首先描述整个管理队伍及其职责，然后，再分别介绍每位管理人员的特殊技能、特点和成就，细致描述每个管理者将对公司所做的贡献。商业计划书中还应明确管理目标以及组织机构图。

（六）出色的计划摘要

商业计划书就像一本书，计划摘要就是这本书的封面，做得好，可以吸引投资者产生读下去的欲望。因此，商业计划书中的计划摘要十分重要，它浓缩了商业计划书的精华，必须简明、生动，引人入胜，以便读者能在最短的时间内评审计划并做出判断。虽然计划摘要是创业者所写的最后一部分内容，但却是出资者最先要看的内容。计划摘要从商业计划书中摘录出与筹集资金最相关的细节，包括对公司内部的基本情况、公司的能力以及局限性、公司的竞争对手、营销和财务战略、公司的管理队伍等情况所做的简明而生动的概括。

（七）全面的风险评估

创办企业要冒风险，并且要花费精力、时间、资源、资金。对于创业者而言，在商业计划书中，需要评估创业环境的多变性，创业机会与创业企业的复杂性，创业者、创业团队与创业投资者的能力与实力的局限性，从机会风险、资金风险、技术风险、竞争风险、市场风险、环境风险、管理风险、决策风险、团队风险和成熟风险等十个方面全面评估创业风险。

四、创业政策、法规知识的培训和指导

创业活动总是处于社会的宏观背景下，政府对创业的态度、政策及法律，会直接影响创业者的创业环境。当前为了鼓励大学生创业，政府出台了一系列优惠政策，颁布和完善了相关的法律法规，为大学生创造了一个良好的创业环境。所以，大学生创业者应该对相关法律、政策有充分的了解。

这方面的培训和指导内容应包括以下几方面。

（一）合法的开业知识

这方面的内容很多，也很细微、具体。比如：有关私营和合伙企业、有限公司的法律法规；怎样进行验资；怎样申请开业登记；哪些行业不允许私营；哪些行业的经营需办理有关行业管理手续；怎样办理税务登记；纳税人申报有哪些规定与程序；如何领购与使用发票；银行开户程序和有关结算规定；成为一般纳税人有哪些条件；如何纳税，怎样

获得税收减征免征的待遇；怎样进行账务票证管理；国家对偷税漏税等违法行为有哪些制裁措施；增值税税率及计征方法；工商管理部门怎样进行检查，行业管理部门如何进行行业管理和检查；等等。

（二）理性看待创业政策和法律法规

创业政策和法律法规是个人创业的助推剂和约束，但不是个人创业的万能药。任何人都不能仅依靠技术来创业，也不是为享受政策而创业，更不能因为法规的约束而不创业，这是用好创业政策和法律法规必须树立的理念。

（三）选择合适的政策

要对症下药，选择合适的政策。每个人的创业方向和创业特点不同，每项创业政策的适用范围和对象也不同；个人在选用创业政策时，要选择合适自己的政策，即选择要适合自己的创业条件，要适合自身的创业类型，要适合自身的创业过程。

（四）发挥政策和法律法规的实际效用

在选择了适合自身的创业政策后，要切实发挥好政策的实际效应，使政策的运用能真正降低经营成本。灵活运用创业的相关政策和法律法规，进而改善经营状况，提升经营能力，对实现企业的发展壮大有实际作用，有助于促进企业走上长期发展的道路。

五、创业危机的产生及解决方法的培训和指导

（一）如何防止团队分裂

企业的诞生需要团队协作，企业的发展更离不开团队协作。创业初期，大家目标一致，团结起来自然也较为容易。然而，人各有志，随着创业阶段的结束，许多团队内部也开始变得矛盾重重，最终这些矛盾越来越不可调和，起初好好的团队最终走上了分裂之路。要防止团队分裂，通常有三种方法：从根源上防止分裂，从制度上防止分裂，从管理上防止分裂。

（二）理念的副作用

所谓“理念”，可能是前人通过实战总结出来的经验，如果将这些经验作为参考，对于年轻的创业者来说当然大有裨益。不过，如果把这

些经验上升到理念的高度，似乎就有些令人不得不遵从的意味。兵法再有效，也不能生搬硬套，而需要将领们根据战场的实际情况加以灵活运用。通常来说，容易使创业者误入歧途的“理念”主要有以下几种：

第一，技术至上的理念。许多创业者喜欢夸大自己的技术水平，在技术改造中投入大量资金；有时产品的技术含量虽然很高，但其适用性或成本等却超过了顾客的需求，或者因为忽略了销售和服务，结果得不偿失。

第二，权力至上的理念。这种情况多发生在核心式的创业团队中。那些出了主意的创业者认为，既然这个团队是因为我的想法而诞生的，那么总裁的位置自然应由我来担任了；殊不知这种思维绝对是走入了误区，因为总裁的位置应该让那些有管理经验、有市场开拓能力的人来坐。创业者如果没有这方面的才能，虽然创业点子是你出的，可是为了企业的发展，最好还是不要留恋权力为妙。

第三，资本至上的理念。创业初期，谁都会遇到资金困难；但资金不足，并不代表着企业发展无望。事实上，企业手上的现金不宜过多，因为现金创造不了价值，只有把它变成资本，才可能为企业的发展做出贡献。至于手头上的现金，够用就好；除此之外，应该尽可能将其转化为资本，以实现企业利润的最大化。

第四，构想至上的理念。做事之前先进行规划，通过细致的规划，可以让自己处变不惊，办起事来游刃有余，创业亦是如此。不过，也不能为策划一个完美的构想而将创业时间一再推迟。这个世界不可能存在百分之百完美的构想，尤其是创业构想。构想的可行性会随时间的推移而改变。对于“构想至上”之类的这些理念，创业者只需了解便可，切忌盲目遵从。

（三）创业初期的其他陷阱

第一，企业发展越快越好。企业的发展应当遵行一定的规律，如果急于求成，拔苗助长，无疑是自掘坟墓。“心急吃不了热豆腐”，要知道，快速发展之后的停滞不前最可怕。

第二，什么赚钱干什么。没有根基的大树无法存活，一味追求赚钱的行业，就像没有根基的大树一样，无法深入行业的核心，这样谈何生存。

第三，自己的事情自己干。创业者不是打工仔，其主要工作应该是将事情谋划并划分好，然后选择最合适的人去做，这样才能最大限度地提高企业效率。

本章练习

思考题

1. 大学生可以从哪些方面完善自身创新创业的前提条件？
2. 创业会面对哪些风险，应该如何规避或降低？
3. 请问你认为大学生进行产品创新有哪些途径？
4. 请问你认为大学生创业需要具备哪些条件？
5. 请问你如何看待创新创业的培训和指导？

综合训练

大学生创业失败案例

案例1：大学生小刘毕业开食品杂货店

大学生小刘毕业后一直想自己做老板，看到邻居在小区里开了一个食品杂货店收益一直不错，颇为心动。于是，小刘租了小区内一个库房作店面，筹集了一万多元钱做启动资金，进了一些货品，开了一家食品杂货店。但是经营了两个月后，小刘的食品杂货店就撑不住了，不得已关张。为什么同样是食品杂货店，邻居可以干得红红火火，小刘的店就经营惨淡呢？原来，小刘为了突出自己食品杂货店的特色，没有像邻居一样进柴米油盐之类的大众生活用品，而是将经营范围锁定在沙司、奶酪、芝士等一些西餐调味食品上。但是小区里的居民对她的货品需求少，加之她店面的位置在小区边缘，而且营业时间不固定，由着她的性子开，很多邻居都不愿意绕道过去，所以生意不红火。所以，最后小刘不得已两个月后被迫将杂货店关张。

案例 2：大学生小李投资开快餐店

开学初，大学生小李想开家快餐店。经过一段时间的选址，他发现某校门口的一家快餐店正要转让，于是悄悄地对该店的四周展开了一番“侦察”。快餐店地处学校的门口，这所学校有近千名学生，旁边又有一个建筑工地，民工少说也有百余人。因此，他对前景持比较乐观的态度。再说快餐店的证照齐全，如果自己重新开办一家，办这些证照既费时又费力，不如接手现成的又打算转让给别人的这一家。经过几天谈判，尽管店内设备最多值两三千元，他也以万余元的转让费接受过来。但他开业后，生意并非像他所预料的那样，他觉得前几天可能是知名度还不够，于是他增加了一些花色品种，还增加了特色点心，并在媒体上做了宣传。可是接下来的时间仍未见效。

这时，他对学校的情况又做了仔细分析。该校女生居多，而且年龄偏小，大多数比较保守安分，习惯于在学校食堂就餐。就在他的店开张的同时，旁边同样有几家新的快餐店开业，而且与它们相比，他的店无论在规模、水平等方面都处于下风。后来，知情人告诉他，这家快餐店一年内已经转让了好几次，如果生意好，店面的东家怎么会舍得转让；而且，那些民工的消费水平极低，每餐仅花费三四元，因此，没有什么利润可言。

残酷的现实使他不得不打起了“退堂鼓”：与其长期亏下去，不如趁早退却。开张三周后，他就打出了“转让”的招牌。过了十天，终于找到一个“主顾”转让出去了。仔细一算，开店一个月，亏损达一万元。

请问：大学生小刘和小李在创业开店过程中存在哪些问题？

要点提示

1. 当初调研不够仔细、认真、到位，不能只凭自己主观想象；
2. 经营需要有自己的特色，但是经营要适合市场环境的需要；
3. 店铺选址不合适。

第三章　大学生必备的新产品开发基础知识

知识目标

了解新产品开发的基本概念，熟悉新产品开发的创意来源，掌握产品生命周期和新产品开发的常用策略。

能力目标

具备大学生新产品开发的基本素质。

第一节　新产品开发的基本概念

一、新产品的定义

所谓新产品，是指采用新技术原理、新设计构思研制、生产的全新产品，或在结构、材质、工艺等某一方面比原有产品有明显改进，从而显著提高了产品性能或扩大了产品使用功能的产品。从市场营销的角度看，凡是企业向市场提供的过去没有生产过的产品，只要在产品整体中的任何一个部分有所创新、改革和改变，并且给消费者带来新的利益、新的满足的产品，都可以认为是一种新产品。它可以是全新的产品，也可以是以往老产品所没有的新功能、新特色、新材料、新结构、新用途、新市场等。新产品的认定范围非常广泛，包括因科学技术进步而发明创造的科技新产品，采用新技术原料或新设计构思从而显著改变产品形态、提高产品性能或扩大使用功能的产品，以及从原有市场进入新市场的产品等。

二、新产品的类型

新产品分为全新产品、换代新产品、改进新产品和仿制新产品。这里分别叙述如下。

（一）全新产品

全新产品是指企业利用新工艺、新技术、新材料制造出以前从来没有，能满足消费者新需求的产品。全新产品一般是由于科技进步或为满足市场上出现的新的需求而发明的产品，具有明显的新特征和新性能，甚至能改变用户或消费者的生产方式或消费方式，这种产品无论对市场还是企业来说都是新产品。

全新产品与现有产品毫无雷同之处，如汽车、电话、飞机、尼龙、复印机等产品的问世，都是全新产品的诞生。这种全新产品的出现要依赖于科学技术的重大发明，它的使用会改变消费者或用户的生产方式和生活方式。每一种全新产品的出现都需要先进的技术、大量的资金，对企业的研发能力和风险承受能力要求都比较高，成功率也低。即使成功，用户和消费者也还需要有一个适应、接受和普及、推广的过程。

1. 全新产品开发的原则。一个全新产品的推出，需要有多项技术的支持，而这多项技术都应围绕一个核心概念进行。比如，如果要开发一种安全型汽车，那么这种车的各种部件都要围绕“安全”去做，不仅要有安全的气囊，也要有安全的刹车，等等；如果开发的是一种适合家用的舒适的车，那么就要围绕“舒适”去做。再比如，如果开发的是一种静音型的洗衣机，仅仅采用静音的电机是不够的，因为虽然电机的噪音降下来了，而其他部件的噪音仍然很大，依然难以成为“静音”产品，所以，要让其所有部件的噪音都降下来才行。

2. 全新产品的体现。企业要推广一个全新产品，尤其是当企业要以造势宣传的方式来引导消费者时，就应坚持“全新”这一概念，让目标消费者感觉到这是一种“全新”的产品，体现你的产品是全新的。这里，“全新”概念的内涵体现在：

（1）全新产品类别。为显示产品的创造性，重新命名一个产品类别。如电子行业曾经爆发的 SVCD 与 CVD 之争，就是为了在产品类别上确定“全新”的产品概念，告知消费者自己的产品已不是原来意义上的 VCD，而是全新的产品。后来的 DVD 与 EVD 也有些类似。

（2）全新产品名称。通过产品名称达到证实产品全新的目的。例如，一种外筒能够旋转的波轮洗衣机，名称叫作“手搓式洗衣机”，而淡化了其为波轮洗衣机。另一种方式是，企业通过新的副品牌或销售名称，达到产品差异（全新）的目的。

（3）全新产品外观。为让消费者直觉上感到产品的差异性，包括产品的外观设计表达、型号命名、外包装等在内，都应以全新面貌出现。如果一个企业开发一种具备高新技术的产品，但在产品外在表现上与原产品几乎没什么差异，这样的产品的是难以让消费者认为是新产品的。

（4）全新宣传表达。宣传方式、记忆符号、色彩、标示等各方面，都要表达出产品概念的“全新”。

（二）换代新产品

换代新产品是指企业在市场已有产品的基础上，采用或部分采用新技术、新工艺、新材料对产品进行革新，使其在性能或品质上有显著提高的产品。如电子计算机、手机等产品，从其诞生以来，基本功能并无太大变化，但却在不断更新换代，推陈出新，满足消费者求新求异的需要。诸如电子管→晶体管→集成电路→大规模集成电路，单缸洗衣机→双缸洗衣机→全自动洗衣机等，都是换代新产品。换代新产品使原有产品发生了部分质的变化。

（三）改进新产品

改进新产品是指企业对现有产品的结构、品质、功能、款式、花色及包装等进行突破并加以改进的产品。改进后的新产品具有新的特性，但技术含量往往不高，可提高原有产品的质量或实现产品多样化，满足消费者对产品更高的要求，或满足不同消费者的不同要求。这是企业依靠自己的力量最容易开发的新产品。如台扇→落地扇，牙膏→药物牙膏等，都属于这种改进型产品。

（四）仿制新产品

仿制新产品是指企业对国内外市场上已有的产品进行模仿生产，形成本企业的新产品。这种新产品开发不需要太多资金、高端技术或大型研发中心，只需要有敏锐的观察和积极的跟进。这是典型的市场跟随者的产品开发策略。如市场上出现的新品牌的电冰箱、抽油烟机、鞋、化妆品、酒类等，大多是企业仿照市场上已有同类产品生产的。

需要注意的是，仿制新产品要尽量避免侵权所带来的不必要的麻烦。如果生产别人的专利产品，必须事先取得专利权人的许可，否则就是侵权、违法。然而，下列的情况可以仿制：

1. 未取得我国专利权的外国专利产品。因专利法是国内法，只在该国内（称为地域）有效，未取得我国专利权的产品，在我国不承认它是专利产品，得不到我国法律保护，因此可以仿造；不但可以在国内销售，还可以外销到该产品没有取得专利权的国家和地区。这里，要注意“优先权”和“行政保护”问题。

2. 终止和无效的专利。世界各国都规定专利有一定的期限（称为时间性），过了期的专利技术、专利产品就变为社会公共财富，任何人都可以无偿使用；此外，专利权所有人必须每年缴纳年费才能维持其专利权，而据统计，世界上有 60% 的专利在其保护期限的一半时间时，权利人已放弃权利，专利权终止。还有一类是已获得专利权的专利，后被行政撤销或宣告无效，其专利权“视为自始即不存在”。

三、新产品开发的原则

企业开发新产品，要遵循下列四个原则。

（一）有市场

所谓有市场，是指要根据市场需求选择产品开发的重点。企业产品开发的目的是为了满足消费者尚未得到充分满足的需求；企业开发的新产品能否适应市场需求，是产品开发成功与否的关键。因此，必须通过深入的市场调研和科学的预测，分析消费者需求变化的趋势以及对产品的品质、性能、款式、包装等方面的要求，研制开发满足市场需求的新产品。不能满足市场需求，或者虽然能够满足某一需求，但市场需求量太小的产品，均不宜研制开发。

（二）有创新

新产品之所以“新”，就表现在它的独特性。与老产品形成鲜明的对比、独具特色且别具一格的新产品，是使消费者产生购买欲望并使之转化成购买行为的推动力。

值得注意的是，开发新产品既要多样化，又要保持前后衔接，使企业能持续地以新颖、适销对路的产品供应市场。同时，应提高新产品开发通用化、标准化和系列化水平，这既能减少设计、制造的工作量，加速新产品开发和制造的进程，也便于使用、维护和保养，从而降低开发制造和使用过程的费用。此外，新产品应符合国家颁布的政策、法令和法规，企业若不注意相关的法令法规，会使其付出巨大人力和财力开发出的新产品因不符合国家的能源、环保、安全卫生、技术等方面的规定，而被扼杀在摇篮之中，使企业遭受难以弥补的损失。

（三）有能力

新产品的开发要求企业有必要的资金、生产条件、研发力量和原材料供应，是一项复杂的工程；企业应量力而行，选择适合的新产品开发方向。

从长远考虑，企业开发新产品最根本的途径，是自行设计、自行研制，采用这种方式开发新产品，有利于产品更新换代及形成企业的技术优势，也有利于产品竞争。然而，自行研制、开发产品，需要企业建立一支实力雄厚的研发队伍，一个深厚的技术平台，还有一个科学、高效率的产品开发流程。

采用技术引进这种方式，企业也可以很快地掌握新产品制造技术，减少研制经费和投入的力量，从而赢得时间，缩短与其他企业的差距，但引进技术不利于形成企业的技术优势和企业产品的更新换代。

改进方式是以企业的现有产品为基础，根据用户的需要，采取改变性能、变换型号式样或扩大用途等措施来开发新产品，采用这种方式，可以依靠企业现有设备和技术力量，开发费用低，成功把握大，但是长期采用改进方式开发新产品，会影响企业的发展后劲。

（四）有效益

随着全球经济一体化进程的深入和信息网络的形成，市场竞争空前激烈。经济全球化使得消费者希望市场能够不断地推出新产品和新服务，也使得企业面临着前所未有的开发新产品的巨大压力。成功的新产品不仅能及时收回开发成本和相关费用，而且能给企业带来良好的经济效益和社会效益。因此，新产品开发的创新必须是能带来附加价值的创新，而不是一味地求新求变。如果增加了一项无用或者根本很少用的功能，反而只是增加了成本。

四、新产品开发的意义

新产品开发的成功与否，直接关系到企业的长远发展。设计管理的核心是新产品开发，因此，企业要拥有优秀的设计管理能力，使新产品成功推向市场并被消费者所喜爱。这不仅会给企业带来利润，还能塑造企业在市场上的良好形象。新产品开发是企业在竞争中立于不败之地的重要保障，是企业打败竞争对手的撒手锏，对企业来说有着极其重要的意义。

（一）新产品开发可以满足消费者不断变化的需求

随着社会经济的发展和消费者收入的提高，人们的需求也呈现出不断变化发展的趋势，各种各样的新消费主张和消费观念层出不穷。消费者的一种需求满足了，又会产生出新的需求，循环往复，以至无穷。消费者市场需求具有无限的扩展性，也就是说，人们的需求是无止境的，永远不会停留在一个水平上。适应市场需求的变化，需要企业不断开发新产品，开拓新市场。

（二）新产品开发促使企业不断成长，更好地适应环境

在经济迅速发展的今天，企业面临的各种环境条件也不断发生变化，如果不能及时开发新产品适应环境，企业就会面临被淘汰的境地。开发新产品，打开新的经营领域是企业竞争力的要素之一。企业在单一产品和系列产品方向上开发新产品虽然可以扩大生产规模，但是，单一及系列产品的市场容量毕竟有限，这样就会限制企业的发展，因此，企

业就需要进入新的领域，寻求新的发展空间。世界上规模巨大的跨国公司几乎多涉足许多行业，不如此难以形成规模。开拓新的经营领域还可以提高企业抵御市场风险的能力。在市场经济中，各种商品的发展程度是不平衡的，并且具有很大的不确定性：有的产品可以有较长时间的稳定的需求，而有的产品的市场需求却十分短暂。比如电视机，在被发明以后需求一直旺盛，市场经久不衰；而录像机虽然在20世纪80年代中期走俏中国市场，但到了90年代，VCD技术开发成功，大有取代录像机之势；当性能更加优越的DVD进入市场，VCD也就成为一种过渡产品了。可以想象，如果一个企业只有录像机一种产品，那么它的经营风险就是非常大的。开发新的产品，进入新的领域，拓宽经营范围，可以降低经营风险。现在，越来越多的企业认识了这一市场规律：当第一种产品取得了稳定的市场份额后，立即开发第二种、第三种产品，进入新的领域，这样既求得了新的发展空间，扩大了经营规模，又增强了抗风险的能力。

（三）新产品开发可以提高企业竞争力

随着科学技术的进步和竞争的加剧，企业想要保住自己的市场地位，在激烈的市场竞争中胜出，就必须不间断开发、创新、改革，不断给企业注入活力。在新技术不断涌现和市场竞争日趋白热化的今天，一个产品、一种型号在市场上畅销几年的时代早已一去不复返了。企业必须审时度势，不失时机地开发新产品并快速地推向市场，这样才能在全球化的市场竞争环境中更具有竞争力。市场先入者凭借先入为主的优势占有市场份额，要比从竞争对手中抢夺市场份额容易得多。在市场上，谁开发产品快，谁就掌握了市场竞争的主动权，就能在竞争中处于有利地位；反之，则处于不利地位，面临失去市场的危险。例如，今天的个人电脑制造企业如果新产品延迟6~8个月推出，就将丧失50%~70%的市场份额。对于创新型的产品来说，先进入市场的企业可以享有制定本行业标准的特权，这就等于为竞争对手制造进入壁垒，延迟业内竞争的到来。例如，微软公司就是凭借Windows视窗操作系统先入为主的优势，成功地成为操作系统软件的行业标准制定者。

（四）新产品开发可以加速新技术、新工艺、新材料的应用

科学技术是第一生产力，是影响人类前途和命运的伟大力量；科学

技术的发展，推动着企业不断开发新产品。科学技术一旦与生产密切结合，就会对国民经济各部门产生重大影响；伴随而来的，则是新兴产业的出现、传统产业的被改造和落后产业的被淘汰。这就推动着企业不断寻找新的科技来源和新的技术专利，开发出更多的满足市场需要的新产品。新技术、新工艺、新材料这“三新”的应用，是新产品开发的重要基础；应用“三新”的这类新产品，具有较强的竞争力和旺盛的生命力。

第二节 新产品开发的创意来源

获得体现市场脉搏与消费者真实需求的新产品创意，是新产品开发成功的第一步，也是至关重要的一步。

一、创意来源的分类

新产品开发创意来源是多样化的。关于新产品开发创意之来源，有两种重要的分类方式：一是根据创意的推动因素，将创意来源划分为技术或者市场推动；二是根据创意来自企业内部还是外部，划分为内部来源与外部来源。

创意的技术推动，强调新技术是推动新产品开发的核心因素。由于新技术体现了科技的发展，易于获得市场认同，因此，技术被认为是推动新产品开发的决定性因素。创意的市场推动则认为，由于消费者是产品的最终使用者，是检验新产品好坏的决定性因素，因此，企业开发什么样的新产品，是由消费者决定的，也就是说市场是推动新产品开发的决定性因素。

企业内部的研发以及营销部门的报告还有开发团队等被认为是新产品开发的内部创意来源，消费者或主要使用者、分销商、供应商、竞争者以及政府部门等被认为是新产品开发创意的外部来源。

二、寻求新产品开发的创意

（一）创意提供者

所谓新产品开发的创意，就是开发新产品的设想。虽然并不是所有的设想或创意都可变成产品，寻求尽可能多的创意却可为开发新产品提供较多的机会。所以，现代企业都非常重视创意的开发。可提供新产品创意的人员除了顾客、本企业职工、专业科研人员，实际上还有竞争对手、企业推销人员和经销商、企业高层管理人员、市场研究公司及广告代理商等。

1. 顾客。企业着手开发新产品，首先要通过各种渠道掌握用户的需求，了解用户在使用老产品过程中有哪些改进意见和哪些新的需求，并在此基础上形成新产品开发创意。

2. 本企业职工。特别是销售人员和技术服务人员，他们经常接触用户，用户对老产品的改进意见与需求变化他们都比较清楚。

3. 专业科研人员。科研人员具有比较丰富的专业理论和技术知识，要鼓励他们发扬这方面的专长，为企业提供新产品开发的创意。

除了上述这些来源，企业还可以从大学、咨询公司、同行业的团体协会、相关的行业或专业媒介那里寻求有用的新产品创意。一般来说，企业应当主要靠激发内部人员的热情来寻求创意。这就要建立各种激励性制度，对提出创意的职工给予奖励，而且，高层主管人员应当对这种活动表现出充分的重视和关心。

（二）创意着眼点

1. 模仿并推陈出新。通过研究竞争对手有什么产品推出市场，是否取得了好的效果；或者说，竞争对手的什么新产品被认为将有很好的市场前景，本企业就研发什么产品，模仿并推陈出新后推向市场。对于企业来说，利润压倒一切，判断一个创意有多大价值，关键就在于其为企业创造了多大的价值。模仿并推陈出新是最经济、高效的创意方法，市场中最常见的成功大都源于此。比如，互联网领域中百度之于谷歌，传媒娱乐业中超级女声之于美国偶像等。类似的成功案例比比皆是。

2. 空白区域。这是指在竞争对手所没有开拓的空白市场区域，通过推出与竞争对手相同或相似的产品来抢占市场。空白区域的方法的运用一般有两种情形：

（1）区域性企业发现全国性企业其中的一个有价值的产品，然后发现该产品对于本区域是空白区域，从而快速行动，推出类似产品占领市场；

（2）全国性企业发现区域性企业其中的一个有价值的产品，然后在其他区域市场推出类似的产品快速占领市场。

空白区域这一方法的运用需要企业具备：①敏锐的市场触角，能够洞悉市场趋势；②宽广的视野，能够发现有潜力的产品或市场的空白区域；③快速行动的能力，能够把握空白市场机会。

3. 新建品类。所谓品类，是指消费者认为相关且可相互替代的一组特殊商品或服务。在新建品类开创的初期，应聚焦于一个代表性品项，使之能够以一个鲜明、独特而令人难忘的印象，进入消费者心中并扎根其中。同时，在确定以单一品项开创品类时，为新品类塑造一个新的品牌来定义这个新品类，有着非常重要的作用。正确的品类创新一旦成功，就能够脱离激烈的市场竞争，独享一片蓝海。新建品类的方法包括品类分化、品类嫁接和品类借接等。

（1）品类分化。这是指消费者的需求不变，产品物质层面的属性也没有本质改变，只利用技术和工艺创新，在原来品类的基础上升级或加减，推出细分品类满足消费者。比如，啤酒不断涌现出的生啤、冰啤、原生啤、无醇啤酒等新品类，层出不穷。

品类分化有时仅仅改变产品的外在形态，甚至仅仅改变了包装，致使消费场所变了，消费方式变了，也就成了新品类。面包原来只有大个的，一人吃一个管饱，后来法式小面包将小面包一个一个地分装，想吃几个就撕开几个；御食园把原来路边烤的红薯浓缩在方寸之中，首创食用方便、形象可爱的小甘薯；还有，厂家把北京小吃大串冰糖葫芦小型化，包进了糖纸里，创造了一口到胃的迷你型冰糖葫芦；香飘飘把珍珠奶茶从街边店改到了工厂，装入杯中，一年卖出七亿多杯。大品类中有大需求，面对大品类市场可以想一想改变点什么；需求还是原来的需求，改变的是满足需求的方式。

（2）品类嫁接。品类嫁接是指把市场上一些常见的产品品类融合进一个产品，从而诞生一个新的品类。比如，史玉柱创造“脑白金”，将褪黑素加入点山楂、茯苓、低聚糖等，但从此却不再与褪黑素、美乐托宁为伍；农夫山泉推出造型时尚的水溶 C100，以更高的 V_C 含量，带动了柠檬饮料的兴起。

（3）品类借接。品类借接是指把市场上比较受欢迎或者比较常见的一个品类冠名到另一个品类上，从而产生的一个新品类。比如，可口可乐把提神醒脑的药水命名为“可乐”而不是“糖浆”，将这种糖水变成了新品类，如今是全球最有价值的品牌之一；“派”是指单个封装的夹心蛋糕，好丽友把这个概念从韩国带到中国，不卖蛋糕，而是卖“派”，率先占有了这个“时尚”品类；华龙集团将“劲道”的诉求创造性地凝聚成“弹面”品类，成为品类创新的经典之作；“营养快线”成为市场上“有营养的饮料”，成为以喝代吃的不二之选。

4. 替代转换。替代转换可以是从相似产品中寻找替代转换，也可以是从相异产品中寻找替代转换，借以满足消费者更新的需求。如一般情况下，新买的衬衫标签上都备有一个纽扣，以备衬衫纽扣丢失的情况下作为替代品，但衬衫纽扣何时掉落并不是能预测到的，这时需要针线才能使用的备用纽扣显然救不了急，而一款贴心的夹子式备用纽扣可以在紧急情况下直接夹在衣物上，替换已经掉落或者丢失的纽扣，不需要使用任何针线便可应急。

5. 增值挖掘。增值挖掘就是在产品原有基础上增加附加值，基于一个主要产品的相似或相关需求，通过提供更多的其他衍生品，提高消费者满意度。比如，一般的雨伞设计，伞与伞罩总是分离的，摘下来之后丢失、遗忘的情况时有发生，如果把伞罩隐藏在伞柄里，需要用时拉出来即可，就不易丢失了。而且，它的贴心之处还在于，如若雨伞被淋湿后有滴水的情况，用户可以直接将伞罩拉出覆盖，这样，进入商场、咖啡厅等公共空间时，就避免了不必要的麻烦。

6. 空白需求。即发现一个前所未有的空白需求。这一般需要企业对市场以及消费者进行长期的研究，具有高度的敏锐性。成功率相对较低。

（三）创意产生途径

1. 产品属性列举法。产品属性列举法即特性列举法，也称为分布改变法，它是将现有产品分解为若干属性列出，然后寻求改进每一属性的方法，适用于老产品的升级换代。其特点是将一种产品的特点列举出来，制成表格，然后再把改善这些特点的事项列成表，保证对问题的所有方面做全面的分析研究。产品属性列举法在实施过程中，通常采用一览表的形式来罗列产品属性，这样既可以防止遗漏，也有利于集中思考。产品属性列举法最常用的是缺点举例法、希望点列举法和特征点列举法。

（1）缺点举例法。缺点举例法是找出产品的所有缺点，将其一一列举出来，然后再从中选出最容易操作、最有经济价值的对象作为创新目标。缺点一般是指原理不合理、材料不得当、无实用性、欠安全、欠牢固、易损坏、不方便、不美观、难操作、占地方、太重、太贵等。还可以从现行的生产方法、工艺技术中发现缺点，或从成本、造价、销售、利润等方面找出缺点，从管理方法上找到缺点。总之，凡属缺点均可一一列出，越全面越好。然后，从中找出最亟待解决、最容易解决和最有实际意义或最具经济价值的内容，作为创新主题。

（2）希望点列举法。希望指人们心理期待达到的某种目的或出现的某种情况，是人类需求心理的反映和对美好愿望的追求。希望是创造发明的强大动力。所谓希望点列举法，是根据人们对事物的愿望要求来进行发明创造的技法。列举新的希望点，就是发现和揭示有待创造的方向和目标。只要能想出满足希望要求的新点子、新方法，就意味着新的创新的诞生。

（3）特征点列举法。特征点列举法也称属性列举法，该方法分门别类地将事物特性或属性全面罗列出来，然后在所列举的各项目下面，试用可取代的各种属性加以置换，从中引出具有创见性的方案，再进行讨论和评价，最后找出具有可行性的创新设想。比如，举例水壶的各项特征，分析特征并提设想：水壶的壶柄是否可以改用其他材质以免烫手，壶盖上是否可以加一个小孔方便加水。

2. 强行关系法。强行关系法指列举不同的物体，考虑每一物体与其他物体间的关系，引出更多的创意；同时列出不同物体的属性，在此基础上进行不同物体诸多属性间的各种组合，从而获得创意设想。比如，酒嘴和鸟类组合联想，设计出似鸟喙的酒嘴，不但倒酒可以不洒，而且具有时尚感。

3. 顾客问题分析法。顾客问题分析法要求收集消费者反馈的他们使用某种产品时所遇到的问题，然后对这些问题的主要特性、解决办法、改进成本等进行评估，并转化为创意。换句话说，首先调查顾客在使用某种产品时所发现的问题或值得改进的地方，然后对这些意见进行综合分析整理，转化为创意。比如，顾客提出是否可加大洗衣机的容量、增加注水功能、解决黑白混洗、增加洗衣粉的控制装置等，通过组织技术人员对这些问题给予分析和研究后，可推出多种新产品。这就是从顾客所发现的问题开始分析，以改进产品来满足市场需要。

4. 头脑风暴法。头脑风暴法是指进行无限制的自由联想和讨论，其目的在于产生新观念或激发创新设想。采用头脑风暴法组织群体决策时，需要集中有关专家召开专题会议。主持者以明确的方式向所有参与者阐明问题，说明会议的规则，尽力创造融洽、轻松的会议气氛。主持者一般不发表意见，以免影响会议的自由气氛。与会者座谈时畅所欲言，“自由”地提出尽可能多的方案。组织者由此发现创意，鼓励对各种构想予以合并或改进。

头脑风暴法又可分为直接头脑风暴法（通常简称为头脑风暴法）和质疑头脑风暴法（也称反头脑风暴法）。前者是在专家群体进行决策讨论时尽可能激发创造性，产生尽可能多的设想的方法；后者则是对前者提出的设想、方案逐一质疑，分析其现实的可行性的方法。

三、大学生新产品开发的创意

知识经济时代和我国社会主义建设事业需要大批创新型高级专业人才。大学生作为接受高等教育的群体，具有先进的科学文化知识，思维活跃，富有创造力，是未来创新的主力军。中国的知识成果转化为现实生产力，需要有一大批年轻骨干做支撑；中国的科技事业和经济建设事业，更需要年轻的大学生通过自身研究和实践来维持和发扬光大，这是科教兴国战略的初衷，更是时代赋予年轻一代的历史使命。大学拥有良好的创新氛围，当代经济和科技发展的很多成果，都是在大学中进行研究并在实际运用中得到转化的，因此，大学生积极思考并主动参与新产品开发活动，具有重要的意义。

（一）建立在兴趣基础上的新产品开发创意

孔子曾经说过：“知之者不如好之者，好之者不如乐之者。”兴趣是最好的老师，兴趣是感情的体现，是大学生学习的内在因素。强烈的兴趣是敢于冒险、敢于闯天下、敢于参与竞争的支撑，是创新思维的营养液。事实上，只有感兴趣，才能自觉地、主动地、竭尽全力地去观察、思考、探究相关事物，才能最大限度地发挥学生的主观能动性，也容易在学习中产生新的联想，或进行知识的移植，做出新的比较，综合出新的成果，提出积极的新产品开发创意。

（二）通过科技实践提出新产品开发创意

大学生在校期间参加科学研究，是激发大学生新产品开发创意的有效途径。例如，大学生参加教师主持的科研课题或学生自拟的研究项目，可培育他们的创新毅力和责任心。加强实践性教学，特别是加强实验课教学，着眼于大学生创新能力和实验能力的培养，有助于锻炼其运用知识分析、解决问题的能力，培养其新产品开发创意能力。

四、筛选创意

取得足够的创意之后，要对这些创意加以评估，研究其可行性，并挑选出可行性较强的创意，这就是筛选创意，也称创意甄别。创意甄别的目的，就是淘汰那些不可行或可行性较低的创意，企业有限的资源集中于成功机会较大的创意上。进行创意甄别时，一般要考虑两个因素：一是该创意是否与企业的战略目标相适应，表现为利润目标、销售目标、销售增长目标及形象目标等几个方面；二是企业有无足够的能力开发这种创意，这些能力表现为资金能力、技术能力、人力资源、销售能力等方面。

第三节 产品生命周期的划分及意义

产品生命周期（Product Life Cycle）是指产品的市场寿命。一种产品进入市场后，它的销售量和利润都会随着时间的推移而改变，呈现一个由少到多又由多到少的过程，直到最终退出市场为止。此即产品的市场生命循环过程。产品只有经过研究开发、试销并进入市场，它的市场生命周期才算开始。产品退出市场，则标志着生命周期的结束。产品生命周期理论总结了产品进入市场后的发展变化规律，揭示了任何产品都有其生命周期。因此，不断开发新产品，引导和满足消费者的需求，是企业生存和发展的原动力。

产品市场寿命与产品使用寿命是两个截然不同的概念。产品使用寿命又称产品自然寿命，是指某一种产品从开始使用到报废的时间间隔。产品使用寿命的长短是由消费过程的使用强度、频率、维修保养状况、时间以及自然力的作用等诸多因素决定的。因此，有些产品的使用寿命虽然十分短暂，但其市场寿命却可能极为漫长，这样的产品很多。例如，鞭炮的使用寿命就十分短暂，只是一瞬间而已，然而其市场寿命自人类发明火药迄今已延续了 10 多个世纪，不能说不漫长。与之相反，某些产品的市场寿命虽然已经终结，但是它的使用寿命却可能还远未终止。例如，时装的使用时间较长，但其市场寿命却并不很长久。

一、产品生命周期的四个阶段

典型的产品生命周期一般可分为四个阶段，即导入期、成长期、成熟期和衰退期。一种产品在从进入市场再到最后衰落退出市场的整个生命周期内，企业或者企业家针对自己的产品，在各个阶段会制定不同的战略目标：在引入期，以吸引顾客为主要目的；在成长期，以占领市场为目标；在成熟期，努力打造企业品牌；而在衰退期，战略目的则转向开发新产品。从销售方面来说，在不同阶段的目标的指引下，企业应合理安排企业的人力和财力，为创造利润而形成有效的市场营销策略，并相应进行物流需求、采购决策和库存等的管理。

（一）导入期

新产品投入市场，便进入导入期。此时，顾客对产品还不了解，只有少数追求新奇的顾客可能购买，销售量很低。为了扩展销路，需要投入大量的促销费用，对产品进行宣传。在这一阶段，由于技术方面的原因，产品不能大批量生产，因而成本高，销售额增长缓慢，企业不但得不到利润，反而可能亏损。产品也有待进一步完善。

导入期的特征是产品销量少，促销费用高，制造成本高，销售利润很低甚至为负值。根据这一阶段的特点，企业应努力做到投入市场的产品要有针对性，进入市场的时机要合适，并要设法把销售力量直接投向最有可能的购买者，使市场尽快接受该产品，以缩短导入期，更快地进入成长期。

（二）成长期

这时顾客对产品已经熟悉，大量的新顾客开始购买，市场逐步扩大。产品大批量生产，生产成本相对降低，企业的销售额迅速上升，利润也迅速增长。竞争者看到有利可图，也纷纷进入市场参与竞争，使同类产品供给量增加，价格随之下降，企业利润增长速度逐步减慢，最后达到生命周期利润的最高点。

进入成长期以后，随着竞争的加剧，新的产品特性开始出现，产品市场开始细分，分销渠道增加。企业为维持市场的继续成长，需要保持或略微增加促销费用；但此时由于销量增加，平均促销费用是有所下降的。针对成长期的特点，企业要努力维持该阶段产品的销售增长率，延长获取最大利润的时间。

（三）成熟期

进入成熟期以后，市场需求趋向饱和，潜在的顾客已经很少，销售额增长趋于缓慢直至转而下降。这些特征都标志着产品进入了成熟期。在这一阶段，竞争逐渐加剧，各种品牌、各种款式的同类产品不断出现，产品售价降低，促销费用增加，产品的销售利润也从成长期的最高点开始下降。

对成熟期的产品，宜采取主动出击的策略，使成熟期延长，或使产品生命周期出现再循环。为此，可以采取以下三种策略：

1. 市场调整。这种策略不是要调整产品本身，而是发现产品的新用途、寻求新的用户或改变推销方式等，以使产品销售量得以扩大。

2. 产品调整。通过产品自身的调整来满足顾客的不同需要，吸引有不同需求的顾客。“产品”整体概念的任一层次的调整，都可视为产品的再推出。

3. 市场营销组合调整。即通过对产品、定价、渠道、促销四个市场营销组合因素加以综合调整，刺激销售量的回升。常用的方法包括降价、提高促销水平、扩展分销渠道和提高服务质量等。

（四）衰退期

随着科学技术的发展，新产品或新的代用品会不断出现，这将使顾客转向其他产品，从而使原有产品的销售额和利润额迅速下降。于是，产品进入了衰退期。衰退期的主要特点是：产品销售量急剧下降，企业从这种产品中获得的利润很低甚至为零，大量的竞争者退出市场，消费者的消费习惯已发生改变，等等。面对处于衰退期的产品，企业需要进行认真的研究分析，决定采取什么策略，包括在什么时间退出市场。通常有以下几种策略可供选择：

1. 继续策略。继续沿用过去的策略，仍按照原来的细分市场，使用相同的分销渠道、定价及促销方式，直到这种产品完全退出市场为止。

2. 集中策略。把企业能力和资源集中在最有利的细分市场和分销渠道上，从中获取利润。这样做有利于缩短产品退出市场的时间，同时又能为企业创造更多的利润。

3. 收缩策略。抛弃无希望的顾客群体，大幅度降低促销水平，尽量减少促销费用，以增加利润。这样做可能导致产品在市场上的衰退加速，但也能从忠实于这种产品的顾客中得到利润。

4. 放弃策略。对于衰退比较迅速的产品，应该当机立断，放弃经营。可以采取完全放弃的形式，如把产品完全转移出去或立即停止生产；也可采取逐步放弃的方式，使其所占用的资源逐步转向其他的产品。

二、产品生命周期曲线

产品生命周期各阶段的划分是相对的，只是根据产品销售量和利润的变化情况来划分的。一般情况下，在导入期，产品销售量与利润增长都较为缓慢，利润通常为负。而一旦销售量开始迅速增长，利润由负变正，就说明产品正由导入期步入成长期。当销售量的增长减慢，利润增长率接近于零时，就意味着该产品已经进入了成熟期。在此阶段，产品的销售量从缓慢增加变为缓慢递减，同时利润额也开始呈现下滑态势。当销售量加速递减，利润也以较快速度下降时，则说明产品进入了市场衰退期。通常产品生命周期曲线呈一条对称的S形曲线，如图3－1所示。

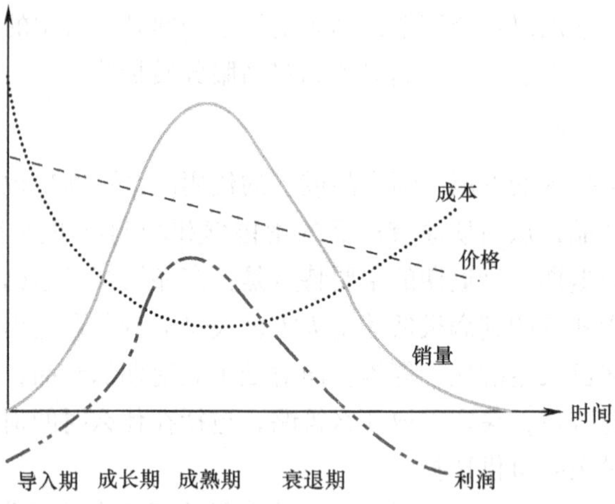

图3－1

事实上，各种产品生命周期的曲线形状是有一定差异的。有的产品一进入市场就有良好的表现：快速成长，迅速跳过导入期；有的产品则可能越过成长期而直接进入成熟期；还有的产品可能在经历了成熟期以后，还会进入第二个快速成长期。此外，一种产品由于发现了新的产品特性，或者找到了新的用途，或者发现了新的市场，其生命周期也会不断延长。

时髦品和流行品是两种比较特殊的产品，它们的生命周期完全不同于一般的产品。时髦品在某一段时间内可能非常风行，可以迅速打入市场，被众多追求时尚的消费者所采用，销售量能够很快达到高峰，不久又迅速衰落，生命周期相当短暂。流行品是指那些成长缓慢，在某一段时间内被众多的顾客所青睐、接受和采用，然后再缓慢衰退下去的产品。流行品的生命周期与一般产品正常的生命周期类似，也会经历产品生命周期的几个阶段。对于流行品，消费者的购买动机通常是追求一致性，一旦消费者对流行品的追求心理消失，或者转而开始追求这种流行品所不具备的特性，那么，该流行品的生命就将到此完结。

产品的生命周期还与地域有关，市场地域不同，产品生命周期的表现也必然不同。一个产品可能在某一个地区的市场上表现出饱和或衰退的迹象，但若将视野放宽，扩大到一个国家来考察，同样的产品却可能会表现出迅速成长的现象。而当产品进入国际市场，便会呈现出国际贸易产品生命周期。

三、判断产品生命周期的方法

产品所处的生命周期阶段，不仅可以较直观地反映企业产品的现有销售和利润情况，而且能够反映产品所处阶段的特点以及未来的市场趋势，从而更好地指导企业实施恰当的营销策略。通常有以下几种常见的方法来判断产品生命周期。

（一）从企业的角度看销售增长率

从每个产品的销售增长快速或缓慢或负增长，就可以判断其大体的趋势。当然，有些产品的销售增长忽高忽低，变化不规律，难以把握。这时就要应用回归分析技术找出规律。一般来说，当销售额逐年的实际增长率为0.1% ~10%时，产品处于导入期或成熟期；当销售增长率大于10%时，产品处于成长期；当销售增长率小于零时，产品处于衰退期。在做销售分析时，一定要把历史数据按月排列出来，在两年或更长的时间内进行趋势分析，并且要注意淡旺季的销售差距和促销与正常销售的差距，这样就能看出一个产品所处的生命周期阶段。

（二）类比判断法

参照类似产品的市场生命周期和各个阶段的特征来划分新产品的市场生命周期的阶段。如要对彩电市场进行判断，可以借助类似产品，如以黑白电视机的资料为依据，做对比分析，进行判别。

（三）普及率法

根据产品在某一地区人口或家庭的平均普及率来判断该产品处于生命周期的哪个阶段。普及率越高，产品的市场潜力越小，产品的生命周期越趋于饱和。此方法主要适用于高档耐用消费品。据经验数据，产品普及率小于5%时为投入期，普及率在5%～50%时为成长期，普及率在50%～90%时为成熟期，普及率在90%以上时为衰退期。采用此方法，需要掌握大量的统计资料。

（四）从消费者角度来看市场渗透率和忠诚度

如果企业的产品市场占有率是靠渗透率取得的，说明产品还是处于成长期；如果企业的产品市场占有率是靠忠诚度来达成的，则产品进入了成熟期。

四、产品生命周期划分的意义

产品生命周期理论反映了产品在不同阶段的市场特征。企业只有正确运用产品生命周期曲线模型，在对市场信息深入调查研究的基础上，对产品所处的不同阶段进行科学预测，将定性分析与定量分析有机结合起来，才能做出正确的决策，从而不断提高销售增长率、市场占有率及企业的规模效益，为产品在市场竞争中取得优势地位打下坚实的基础，使企业再创新的辉煌。

（一）产品生命周期理论揭示了不断创新的必要性

产品生命周期理论从整体上反映了产品从投入市场到退出市场的全过程，并且描述了这一过程中各阶段的特点。企业决策者可以据此在产品生命周期的不同阶段采用不同的市场营销策略，开发新的市场，制定新的竞争对策，从而保证产品在整个生命周期中盈利最大。

产品生命周期理论说明，不会有哪一种产品能够经久不衰、永远获利。企业必须经常对各类产品的市场状况进行分析，不断淘汰老产品、开发新产品，以便使企业的产品组合处于最优状态。要实现永续经营，就要在一种产品进入衰退期时，保证有其他产品处于导入期、成长期或成熟期，这样才不至于因为老产品的淘汰而引起利润下降。这就要求企业新、老产品的生命周期曲线要始终处在合理的位置上。

（二）通过判定产品生命周期决定市场经营手段

借助产品生命周期理论，可以分析判断产品处于生命周期的哪一阶段，推测产品今后发展的趋势。正确把握产品的市场寿命，并根据不同阶段的特点采取相应的市场营销组合策略，有助于增强企业竞争力，提高企业的经济效益。市场营销部门在制定营销策略时，要认真分析各个产品所处的生命周期阶段。不可否认，影响产品生命周期的因素很多，有市场的因素，也有非市场的因素。相关人员在判断产品所处的阶段时必须慎重，只有确认产品已经进入了衰退期，才能采取淘汰策略。如果对产品生命周期的判断失误，那么，后果将是错误地扼杀了一个产品的生命，使其失去为企业创造利润的机会。

（三）注重产品生命周期的延长

对老产品生命力的强化和对新产品的开发对企业来说都很重要，因此，应注意采取适当而有效的方式强化产品的生命力，使老产品能够为企业做出更大更多的贡献。通常，企业开发一种新产品所需要的费用比强化老产品生命力的花费要大得多。

（四）制定产品贸易策略

产品生命周期理论对解释出口产品的国际贸易有重要参考作用。它引导人们通过产品的生命周期，了解和掌握出口的动态变化，为正确制定对外贸易的产品战略、市场战略提供了理论依据。要进行跨国经营，对每一国在进行产品创新或模仿引进或扩大生产时，都要把握好时机。

第四节　新产品开发常用策略

新产品开发的策略是根据国民经济发展规划、企业的经营目标与实力，并在市场调查和技术调查的基础上制定的。新产品开发不但要考虑新产品的发展方向、类型和品种，而且还要考虑新、老产品的协调、换代乃至现有市场和新市场的开拓等问题，还要考虑开发新产品应该采取的策略。

近几十年来，随着科学技术进步的突飞猛进，一系列新兴科学技术不断涌现，逐步形成了新兴科技群体与高新技术。这些高新技术运用于生产，使得新产品开发所需时间大大缩短，产品更新换代周期越来越短。美国有关部门对不同年代工业产品的寿命做了一个统计：在 19 世纪，平均需 70 多年；20 世纪初到 20 世纪 40 年代缩短为 40 多年；第二次世界大战后，缩短到 20 年；20 世纪 70 年代不足 10 年，80 年代则只要 5 年左右；20 世纪 90 年代，有些产品缩短到 2 ~3 年。例如，电子管收音机的研制用了 35 年，而晶体管收音机的研制才 5 年，集成电路开发仅仅用了 3 年。大家所熟知的微型电脑新产品开发的速度更是惊人：386 机型开发出来不到 1 年，便被 486 型取代，接着 586 型又取代了 486 型。就 586 机型来说，升级换代的速度也到了有点让人难以适应的程度：如开始时 1.2G 硬盘是最高级的，很快就开发出了 2.1G、20G、80G、160G、200G 等大容量硬盘；中央处理器（CPU）由 $P_{Ⅰ}$ 发展为 $P_{Ⅱ}$、$P_{Ⅲ}$、$P_{Ⅳ}$、双核，使计算机的计算速度、功能与档次不断升高。

面对高新技术革命的冲击和产品市场寿命的缩短，各个企业都不敢漠然视之。为了企业的生存与发展，它们都必须加快对高新技术和产品的开发。由于新产品的类型、品种不同，企业的实力和特长有差异，因而新产品开发的策略是多种多样的。这里介绍几种常用的策略。

一、产品生命周期策略

根据产品生命周期理论，这一策略是在研究和预测产品生命长短及其发展趋势的基础上，主要采取延长产品生命周期和更新产品两种策略：

第一，用改进产品的质量、性能、包装和实用性，或扩大其用途、降低成本和价格等方法，延长产品生命周期。

第二，做好产品的更新换代，保持销售的增长势头。力争在现有产品进入衰退期之前，将新产品投入市场，避免使市场销售出现空白区。即在生产一代产品的同时，要更新一代，研制一代，预研制一代。

那些具有雄厚实力的大中型企业，不能只注意单项产品的生命周期，还必须研究本企业的整个产品群的生命周期。通过对产品群的研究，了解现有产品在市场上处于什么状况，今后发展的可能性如何，今后应采取什么样的战略，先发展何种产品，再发展何种产品，产品的研制与改进的重点应部署在哪里等。企业在制定新产品开发计划时，要预测出新产品的生命周期，据此有条不紊地提出开发企业新产品的战略战术，使整个企业产品群的生命周期处于成长期，只有这样，才能使企业各种产品的市场占有率保持上升趋势，进而使企业获得更好的经济效益。

二、进攻/防御策略

进攻策略又称抢先策略，其目的是为了使企业保持技术上的领先地位，或者为了在技术上赶上和超过领先的企业。在新产品开发方面采取进攻策略的企业，一般都有较强的科研开发能力，肯冒风险，有雄厚的财力，国外这些企业每年支出的研究与开发费用相当于销售额的5%左右。这些企业研制的新产品在技术上是先进的，它们靠新产品占领的市场不会轻易地被竞争者夺走。这种策略尽管代价昂贵，并有风险，但与成功以后带来的巨大利益相比，还是可取的。

实行进攻策略的企业根据本企业的实际情况而有不同的重点。有的集中力量通过科研来搞创造发明；有的则集中力量对市场潜在需要进行调查研究，开发新产品。后一种方法的成功率要高，在成功的新产品中占60%～80%。

防御策略又称紧跟策略。采用这一策略的企业并不投资于抢先研制新产品，而是当市场出现成功的新产品时，就立即进行仿造或加以改进。这种策略的优点是：第一，不需要长期大量投资来从事应用或基础研究；第二，对处于萌芽状态的新产品加以改进，消除其缺陷而后来居上。

但采取这种策略，必须具备以下条件：第一，企业有高水平的技术情报专家，能迅速、及时地掌握其他企业的研究动向和成果；第二，企业有高效率的研制新产品的能力，行动迅速，能不失时机地解决别人尚未考虑到或未解决的问题；第三，研制的新产品与新技术要没有侵权行为。

以上两种策略可在同一企业里应用。如果潜在的市场很大，新产品研制成功后又受到专利保护，竞争者在短期内难以仿制，企业又有财力可以长期承担科研投资，对这样的新产品就应当采取抢先策略。而对于市场容量较小，又比较容易在短期内被他人仿制的产品，则可以应用防御策略，用加强技术情报的追踪分析和产品的仿制能力来对抗竞争的压力。对于市场较大，但产品技术含量低，容易被他人在短期内仿制而且又难以用专利等手段加以保护的产品，也应该采用防御策略。

三、最低成本策略

一种产品能占领广大市场，其诀窍在于产品的实用性、质量及价格。在实用性与质量相当的情况下，产品价格就成了决定性的竞争要素。决定产品价格的主要因素就是产品的成本；产品成本越低，就越有打价格战的本钱。

企业只有在生产工艺上占有优势，并能大幅度降低处于成长期的产品的生产成本，才能采取这种策略。因此，采取这种策略的企业应该具有很强的研制和工艺能力，自动化与机械化程度高，且具备较大规模的生产能力及与其相适应的高效率的组织管理能力，以保证产品的销售成本在市场上同类产品中最低；同时，还要有正确的营销策略和较强的销售能力，而且要有使产品能按预期的时间内投入市场的能力。

改进管理也是降低成本的有效途径。改革开放后，我国不断从国外引进先进的管理方式与方法，其目的就是降低企业的成本，获得好的经济效益。

降低成本的另一条重要途径是扩大生产规模，降低管理成本，发挥规模效应，以取得好的经济效益。例如，国外汽车价格比国内低许多的原因之一，就是其生产规模大。

本章练习

思考题

1. 什么产品被称为新产品？新产品的类型有哪些？
2. 新产品开发有哪些原则？
3. 新产品开发创意从何而来？应注意哪些问题？
4. 新产品开发常用策略有哪些？试举例说明。
5. 产品生命周期理论是什么？它对于企业进行新产品开发有何意义？

综合训练

新产品开发案例

案例1：麦条

麦片有很大好处：富含营养，有益健康。希洛（Hero）公司生产各种食物，但在早餐麦片市场占有的份额却不高。那么，公司该如何在麦片市场上提高占有率？麦片市场早已饱和，希洛公司如果仍打算在这个市场里碰运气，其成功的可能性很低。它想到的出路是：重新定义麦片的使用价值。它选择把麦片当作任何时候都能食用的健康点心，而不是通常的早餐。如果把当点心的麦片用袋装，顾客也许只能用手吃了。所以它采用了一种顾客熟悉的产品形状——巧克力条。麦片加上巧克力条就出现了新的食品类别——麦条。这种现在看来平常的产品，在当时却是一个突破，它是一种真正的新事物，并由此创造了新的消费场合。如今该公司是欧洲市场麦条类产品的领头羊之一。

这个创意究竟是怎么产生的呢？其创新在于跳出了“早餐麦片”的常规市场定义。希洛公司没有在通常感知的麦片类市场寻求新的定位。它将麦片的若干积极特征融入了另一个概念之中——条形巧克力，从而带来了新的便利和新的类别。

案例 2：健达奇趣蛋

健达奇趣蛋（Kinder Surprise）是一种用巧克力包着精巧玩具的蛋形儿童糖果。该产品于 1972 年首次在意大利亮相，1975 年进入加拿大市场。其创意来自意大利糖果业巨头费列罗（Ferrero），并很快征服了无论是小孩还是大人的心。

健达奇趣蛋面世时，市场上零食品种主要是糖果、口香糖、坚果、咸味食品、冰激凌和巧克力。本来市场已细分到一定程度，此时更是有过之而无不及；而各品牌巧克力类的市场更是趋于饱和，市面上的巧克力条不仅大小各异，种类繁多，而且口味齐全，为的是竞相俘获小孩和父母的心。

当公司决定推出一种新的巧克力条产品时，它本可以考虑改变该产品的味道、成分、设计等（纵向的创新思维），但是，费列罗推出了一个新奇的概念：藏有玩具的巧克力蛋——每颗巧克力蛋里的玩具都是可供儿童收集的一系列玩具中的一员。

很多时候，是父母给孩子购买巧克力，而且他们需要了解和控制孩子的饮食；费列罗很好地把握了这一点。健达奇趣蛋在电视广告中将自己定位为健康食品——富含热量和碳水化合物。而蛋形的大小，给儿童提供了合适的巧克力摄取量。当孩子们打开巧克力蛋时，他们会开始玩起里面的玩具，不再嚷着要更多的巧克力了。这两点使得父母（购买者）相信健达奇趣蛋就是他们在众多糖果中的最佳选择。

对儿童而言，健达奇趣蛋可谓是一“吃”二得：巧克力，玩具。健达奇趣蛋通过创造新的糖果亚类，重新界定了糖果市场。目前，健达奇趣蛋仍是该类产品的领导者，尚无其他竞争者可以与之抗衡。

如果费列罗没有推出奇趣蛋，而只是推出一款夹花生的巧克力，它又能卖出多少呢？充其量不过是占有 3% ~5% 的市场份额而已。健达奇趣蛋与其他巧克力之间其实没有什么不同，只是在“吃”的需求中加入了“玩”的需求，市场立刻发生了变化。

案例 3：日本 7 -11 便利店

7 -11（Seven -Eleven）便利店的连锁店遍布全球，仅在日本就有 16 000 多家。它因 24 小时出售日常食品、日用品及饮料，便由于店面小而必须小批量地频繁进货，因而有着先进的物流系统。

20 世纪 90 年代末，7 -11 便利店注意到了电子商务的蓬勃发展，并且认为这对它会构成潜在威胁。于是，管理层想出了一个绝妙的主意。他们决定不和电子商务交手，而是和它联手。于是，便利店成了网上购物的存货点。无论你是在日本哪个地方进行网上订购，你都可以到7－11提货付款。这样，遍布日本的7－11便利店因“地利”而赢得了利润。由于省去了运费，网上购物也就便宜了，顾客们在白天或晚上的任何时候，都可以取回自己订购的商品。

7－11便利店是怎么想到这个点子的呢？7－11便利店跳出常规市场定义进行创新，界定市场的基础是“全天都能买到食品和其他商品的需要”，把握住了网上客户对图书和唱片等供应需求的市场新机遇。

案例4：加油站超市

加油站一直是汽车加油的地方，但我们经常能看到加油站也会卖别的商品，如瓶装水、口香糖、零食、饮料、糖果等食品，甚至还有日用品、报纸、杂志和影碟等。

对于长途驾驶而言，许多来加油站加油的顾客会愿意买些水果、面包、水、咖啡、香肠等商品，补充能量或缓解疲劳。通常情况下，他们在店里平均花上5分钟便能买齐所需食品。食品的价格相对油费而言显得够少，“买一包2美元的零食相对于30美元油费来说算什么”，顾客不会去考虑同一种零食在普通超市只卖1美元。另外，顾客在此购物无须担心停车问题，他们只需将车子停在油泵和食品超市旁即可。

加油站里是如何开起了超市的？如今，加油站超市为石油公司带来了一大笔收入。1加仑汽油的利润率是1%，而超市内商品的平均利润率竟高达50%。

案例5：好奇训练裤

众所周知，两三岁的小孩将面临慢慢脱离尿片的艰难任务。在这个阶段，小孩要学会向大人示意自己的需要，这样他们才不会尿湿裤子。很多小孩在这个阶段都会遇到不少麻烦和挫折。从生产商的角度看，作为大众产品的纸尿片，其目标市场几乎都是3岁以下的孩子。

那么，怎样才能把纸尿片继续卖给3岁以上的孩子呢？在这种情况下，绝招便是把纸尿片改装成类似儿童穿的短衬裤。给小孩穿训练裤，他们认为自己穿的不是尿布，自然感觉更舒服、更成熟、更像个大人。要是小孩真的控制不了冲动，训练裤外面的图案会消失，这样大人们就知道发生什么事了。这种训练裤不会给孩子带来挫折感，相反，它是在取代内裤的过程中指导孩子。

倘若仅限于在现有的尿片市场里创新，可以取得如此战果吗？这里并不是建议大家考虑如何把产品卖给那些不需要的人，而是建议要考虑如何将产品改头换面来让别人自然而然地需要该产品。纸尿片公司做出适当改变之后，便把消费群体扩大到了年龄更大的儿童。

这五个案例中的新产品创新是如何开发的？

要点提示

1. 这几家企业运用不同的方法来寻求和获得创意，创新的好处之一是能够开拓一个新的市场，满足新的需求；
2. 在现有的市场中寻求创新点，改变其原有面目，通过新产品、新服务重新界定市场；
3. 一个过度细分和品牌过多的成熟市场，最有效的竞争方式便是开创新市场或新类别。

第四章　大学生必知的新产品开发过程及成功要素

知识目标

理解新产品开发程序，关注新产品开发过程中的注意点，熟悉新产品开发的成功要素，了解专利和知识产权保护。

能力目标

能独立把握新产品开发过程，把握新产品开发的成功要素。

第一节　新产品开发程序

新产品开发程序即新产品开发流程，是引导从构思到发布的新产品开发项目全过程的计划或者线路图。它对于获得新产品开发的成功来说，是另一种更受欢迎的关键因素。对于一个从创意产生到产品最终投放市场的新产品开发项目全过程而言，新产品开发程序不仅仅意味着仅一个流程图那么简单，它是一个系统方法或者过程，是为了实现最后的目标，按步骤标出应该做什么以及如何做。

有关研究表明，阶段—关口方法是一个既具理论性又具操作性的蓝图，它可以提升新产品开发管理过程的效率和效果。最近 20 多年来，管理人员们被呼吁设计和实施这样的新产品开发流程。有关产品创新的最佳实践研究表明，所观察的商业范本普遍拥有一个定义明确的新产品流程。一个定义清晰的涵盖从构思到发布的全过程的新产品流程，其商业应用率非常高，如美国生产力与质量中心（APQC）的研究表明，73.7%的企业拥有这样一个新产品开发流程；美国产品开发管理协会（PDMA）研究表明，68%的公司宣称有这样的新产品开发流程，报告描述："是否拥有一个新产品开发流程，并不能将最佳和最差创新公司区分开来，但是最佳创新公司毫无疑问都拥有一个系统的新产品流程，拥有这样的流程就像是上帝的赐予，因此，新产品开发流程一定会被认为是最佳实践。"

阶段—关口系统（Stage Gate System）优雅又简洁，并且非常有意义，它是一系列的伴随着决策关口的信息收集阶段。阶段—关口把产品创新视为一个流程，并且任何流程都能通过建模变得更好、更有效率。它不再将产品开发看作一个黑匣子，想法进入其中，而后出来商业性的成品；或者看作一个黑洞，想法进入其中，却没有任何成果。阶段—关口系统将创新流程划分成一系列预先设定的、易管理的、离散的阶段，每个阶段由一组规定的、跨职能的、并行的活动组成。图 4－1 展示了一个普遍适用于大多数复杂的产品开发项目的模型：一个五阶段的从构思到发布的阶段—关口系统。

一、发现：构思产生

构思是新产品开发流程的给养或者牵引线，它们会开启或者中断系统。不要期望用一个高超的新产品开发流程去克服新产品构思中的缺陷。对伟大的构思的需求同时伴随着很高的构思淘汰率，这意味着构思产生阶段极为关键：你需要有伟大的构思，并且要有大量这样的构思。

许多公司认为，产生产品构思非常重要，因此，它们把寻求构思作

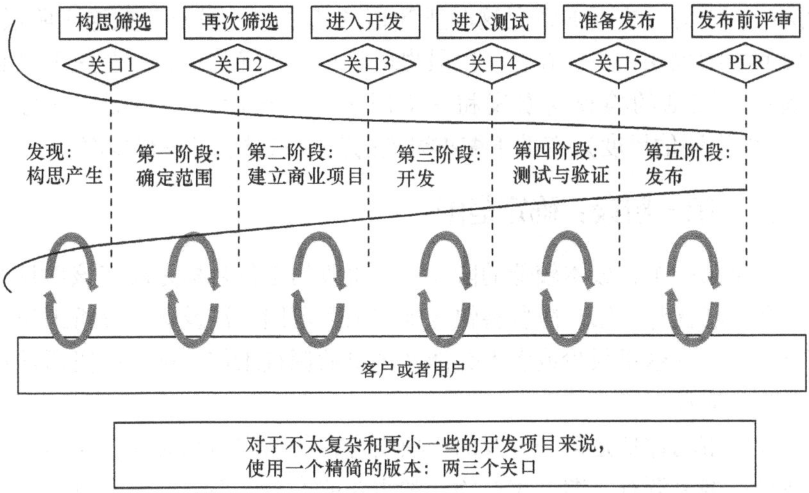

图4-1　五阶段的从构思到发布的阶段—关口系统

为流程的一个正式的阶段，我们称之为发现阶段；它们建立了明确的、激励构思产生和捕获构思的体系。为了激励伟大的新产品创意的产生，发现阶段可以涵盖很多活动，这些活动包括：①实施直接而基本的技术研究，探索新的技术可能性；②和领先或者创新的用户一起工作；③使用客户声音研究捕捉说不清的需求和客户的问题；④竞争分析和对有竞争力产品的逆头脑风暴；⑤实施一个创意—建议的机制，激发来自员工的构思；⑥扫描外部世界，通过“开放的创新”来搜寻来自外部的构思；⑦使用战略性的计划活动，发现市场中的缝隙、缺口和机会。

二、关口1：构思筛选

构思筛选是向项目分配资源所做的第一步决策——项目在这一决策点诞生。如果决策是采纳，则项目会进入确定范围或者初步调查的阶段。因此，关口1标志着对项目做出初步的、暂时的肯定——如同一盏闪烁的绿灯。

该关口是一种“温和的过滤”，相当于把项目限定在一些关键的“必须满足”和“应该满足”的准则上。这些准则用来处理战略一致性、项目可行性、机会的大小、市场吸引力、产品优势、规划公司资源的能力和与公司政策的适应性等问题。财务准则通常不包括在第一次的筛选中，因为这方面的情况这时所知道的还很少；另外，在这一阶段，资源的分配也相当少。在这一阶段也就是早期的筛选中，一个用于“必须满足”准则的检查要素表和一个用于“应该满足”准则的计分卡（以分数为评估尺度）有助于缩小讨论的范围和对项目进行排序。

三、第一阶段：确定范围

这是第一个且成本较低的阶段，该阶段的工作目标是决定该项目的技术和市场优势。第一阶段将快速确定项目范围，涉及案头分析工作和侦查工作——这里很少或者不会涉及主要的调查工作。这一阶段通常在一个月内完成。

前期市场评估是第一阶段的一项内容，包括许多相对而言花销不大的活动：网上调查，图书馆查阅，和主要的客户联系，划分重点，乃至对一部分潜在客户进行快速的概念测试。其目的是决定市场规模、市场潜力和可能的市场接受度，并开始塑造产品概念。

这时要进行初步的技术评估，主要是对提议的产品进行快速、初步的内部评估，其目的是评估开发和制造（或者供应来源）的路线，技术或者运营的可行性，可能的实施时间和成本，技术、法律和行政管理风险及障碍。

因此，第一阶段要同时以较低的成本和较短的时间收集市场和技术信息，以保证作为第二阶段输入的一个粗略的、初步获得通过的财务和商业分析。它是建立在相当不确定或者推测的数据的基础上的。由于所做的工作有限，并且受制于项目的规模，第一阶段的活动常常是由只有几个人组成的团队来实施的——这些人员来自市场部门或者技术部门。

四、关口2：再次筛选

现在新产品项目进入第二个关口。从某种程度上说，这一关口是更为严格的筛选。这个关口同关口1很相似，但是，在这里，项目要结合第一阶段获得的新信息进行重新评估。如果在这一决策点做出继续进行的决策，那么项目将会进入下一个花销比较大的阶段。

在关口2，项目要经受有关“是否准备就绪”的一系列问题的考验，也包括类似于在关口1处使用过的一系列“必须满足”和“应该满足”的准则的再次检验。在这里，额外的“应该满足”准则可能要纳入考虑的范围，这些准则涵盖了处理销售队伍和客户对提案产品的建议，潜在的法律、技术和管理法规方面的“致命性”可变因素，以及在第一阶段收集的新数据的结果。同样，一个检查要素表和计分卡有助于这个关口的决策。在关口2，财务收益将会被评估，但只是一种快速简单的财务计算（如回款周期）。

五、第二阶段：建立商业项目

一旦商业项目建立，就打开了产品开发之门。在第二阶段，商业项目便被构建起来。这一阶段是一个具体的调查阶段。在下一阶段即第三阶段的开发活动广泛铺开之前，第二阶段清楚地定义了产品，并且在产生很大的花销之前验证了该项目的吸引力。显然，这是一个关键的准备工作阶段，也是一个被发现常常处理不好的环节。

成功的新产品的定义的确立，是第二阶段的主要工作。这一定义的内涵包括：目标市场的定义，产品概念的描述，产品战略定位的说明，产品能够带来的好处和价值的陈述。并且，还要说清楚（对于客户来说）必要的和渴望的产品的特征、属性、要求和规格。

第二阶段是通过市场研究来明确客户的需求、愿望和偏好——帮助新产品开发者定义“成功”的新产品。第二阶段要详细地进行技术评估，其重点是考察该项目的可操作性。也就是说，此时客户需求和“愿望列表”被转换成一项在技术和经济上可行的概念上的解决方案。这种转换甚至包括一些初步的设计或者实验室的工作。但是，这种转换还不能构造出一个完备的开发项目，生产性或者操作上的评估通常也是确立商业方案工作的一部分，它对生产的可行性问题、供应来源、生产成本以及所需要的投资等，都进行调查研究。如果合适，也会进行法律、专利和管理方面更详细的评估工作，以求消除风险并筹划出所要求的具体活动。

最后，作为证明该项目商业方案合理性的一个方面，还将实施一项详细的商业和财务分析。财务分析通常涉及一种折现的现金流方法，连同敏感性分析一起，共同来审视可能存在的下降趋势的风险。

第二阶段的结果是该项目的商业立项书：整合的产品定义，对项目成功的关键因素达成一致，并形成完整的项目合理性说明和详细的项目行动计划。

第二阶段包含的努力比第一阶段要多很多，并且要求多方面的资源投入。第二阶段最好是由一个跨职能部门的成员组成的团队来处理——他们是之后最终领导项目实施的团队的核心小组成员。

六、关口3：进入开发

关口 3 是开发阶段之前的最后一个关口，也是在进入花费巨大的全面开发活动之前，项目可以被“枪毙”掉的最后一个控制点。有的公司称之为“资金关口”——一旦通过了关口 3，财务上的承诺就会是实质性的。事实上，关口 3 意味着“走向巨大的花费”。它如同漏斗的形状，拥有一个优雅的倾斜——多数的淘汰决策是在早期关口中做出的：关口 1 或者关口 2 乃至关口 3，关口 3 之后被“枪毙”的项目相当少。所以 EXFO 工程公司的高管将关口 3 形象地称之为“通向隧道的漏斗”。同时，关口 3 也标志着产品和项目定义的结束。

关口 3 的评估包括：①回顾第二阶段的每项活动，检查这些活动是不是得到实施，执行的质量是不是很好；也就是说，检查这些活动是否准备就绪，是关口 3 的第一项工作。②再一次使用类似于关口 2 曾经运用的“必须满足”和“应该满足”的准则，对项目进行检查。③进行财务分析和评价。因为在关口 3 处一项得以通过的决策会产生大量的承诺的财务支出，财务评价包括是否可行的判断结果是这一次筛选的重要组成部分。

如果决策的结果是通过，关口 3 将保证对产品定义的承诺和对有关描绘未来推进路径的项目计划的一致意见，也就是说，开发计划、初步运作和市场计划将在这一关口得到审查和批准。完整的项目团队，即一支由具备权威性的项目经理领导下的获得充分授权的跨职能部门的团队，也会在这时被正式指定。

七、第三阶段：开发

第三阶段开发计划开始实施，进行产品的实体开发（或者标示出服务的细节和以服务为基础的 IT 工作）。实验室测试、内部测试或非内部测试将保证产品在控制的条件下符合要求。对一些周期比较长的项目，大量的里程碑式或者阶段性的项目安排部署会被纳入开发计划。项目实施本身没有控制性关口，这一阶段不做出通过/终止决策；但是，上述这些里程碑式的安排部署检查点会对项目进行控制和管理。不过，错过一两个里程碑，通常并不标志着项目的继续是理所当然的，这时需要立即进行紧急的关口回顾。第三阶段最后的交付物是经过部分测试的产品原型。

第三阶段注重的是技术工作。但同时，市场和操作活动也要并行实施。例如，在技术开发的同时，市场分析和客户反馈工作也在继续，包括客户对产品的意见的持续搜集。这种“建立—测试—获取反馈—修正”流程来回或者重复的循环，伴随着每项部署开发的结果，都提交给客户，以进行评估和反馈，包括快速原型、工作模型、首个样机等。同时，详细的测试计划、市场发布计划、生产或者操作计划，还有生产设施要求等，也都在确立和部署之中。不断更新的财务分析也被准备着，同时，行政管理、法律和专利权等问题也都要得到解决。

八、关口4：进行测试

关口 4 的测试属于开发后期的复审，目的是为了检查产品和项目的进程以及后续的吸引力，回顾和检查开发工作，确保开发工作已经保质保量地完成以及开发出来的产品事实上和关口 3 中确认的初始定义相一致。

这个关口通过经过改进的财务分析来对经济方面的问题进行再次审视，该财务分析基于最新的和更加准确的数据。下一阶段的测试和验证计划此时会被批准并立即实施，另外，未来可能实施的详细的市场和操作计划也会被再次回溯。

九、第四阶段：测试和验证

这一阶段主要测试和验证整个项目的可行性，包括产品本身、生产或者运作流程、客户可接受程度和项目的经济状况。众多的活动会在第四阶段展开实施：

内部产品测试：操作控制的或者实验室条件下的测试，延伸实验室测试或者 α 测试。主要检查产品的质量和性能。

用户、性能或者现场试用产品：在真实使用的情况下，验证产品的功能，同时调查潜在客户对产品的反应（包括是否产生购买意向）。

试验性的、限制规模的生产/操作：测试、调试、证明生产/操作流程，并且确定更准确的生产成本和产量。

模拟市场测试或试销：测试客户的反应，测试发布计划的有效性，明确期望的市场占有率和销售收入。

修正商业和财务分析：依据更准确的收入和成本数据，检查项目后续的商业和经济生存能力。

有时候，第四阶段会产生一些消极的结果，并使项目开发程序倒退到第三阶段。

十、关口5：准备发布

关口5是最后一道关口，它打开了项目全面商业化的大门——产品发布和全面的生产或者运作的启动。这是最后一个可以枪毙该项目的决策点。该关口重点关注测试和验证阶段活动的质量以及它们的成果。该关口的通过准则主要聚焦在：①第四阶段的测试结果是不是积极的；②预期的财务收益；③产品发布和运作启动计划是否保持一致；④检查是否准备就绪，所有的工作是否都为发布做好了商业准备。这时，运营和市场计划会被复审，并且会在之后的第五阶段被批准实施。在有些公司中，这些就是产品生命周期计划，该计划使得产品迅速越过发布阶段，进入成熟甚至产品退出阶段。

十一、第五阶段：发布

这一阶段包括市场发布计划和运营计划的同步实施：①生产设备采购、安装和使用，尽管作为第四阶段产品测试的一部分，有些时候这些工作早在第四阶段时就完成了；②确定物流路径，开始销售。除非发生任何事前预想不到的事情，新产品推向市场也就是商业化的路径将会非常明晰……很可能，又一个新产品成功了！

十二、产品发布后的评审

在产品商业化后的某段时间（通常6～9个月后），新产品开发项目就会终止。此时，项目团队被解散，产品也成为该公司生产线上的“常规”产品。通常在此时对项目和产品的性能表现进行评审，将最新的有关收入、成本、费用、利润和时间安排的数据和预测计划相对比，来测量新产品的市场表现。这就是事后评审——对项目的优点和缺点做出重要评价，研讨有关从该项目中能够学习到的东西，以及如何才能把下一个项目做得更好。这种回顾总结，标志着项目的结束。当然，项目团队和团队领导在产品发布后的一段时期内，直到发布后的评审节点，仍然应该对项目的成败负责。

第二节　新产品开发过程中的注意点

新产品的开发过程多变，不可预测。在产品开发项目的开始阶段，可能很难明确界定客户需求。当竞争对手推出新产品或者新趋势出现时，客户偏好也可能在开发项目的进行过程中突然发生变化。因此，严守最初的计划可能是行不通的。针对新产品开发过程中的各种问题，我们应当将原定计划作为最初蓝本，要使之随着各种证据的呈现、经济假设的变更以及对市场机会的重新评估不断加以修正，积极采取相应的对策。以下十个误区要竭力避免。

一、重视主观定位，忽视市场需求，闭门造车开发新产品

开发新产品必须建立在充分的市场调查基础之上，先发掘消费者的市场需求，再生产出适当的产品来满足这种消费者的需求。但现实中的企业由于开发人员受决策者主观定位的限制，往往会淡化市场调查工作，忽视市场消费需求；或进行了市场调查，仍摆脱不了决策者开发新产品思路的制约，仍然是先把产品生产出来，再考虑满足哪部分消费者的需求，致使新产品开发的失败率很高。其原因是，不少企业先有一个决策者关于新产品的构思定位，然后再去论证这种新产品构思定位实现的可能性和必要性。当不少消费者的思维被决策者的灵感所激发，拍手称是的时候，就鼓励了企业决策者加速“构思”到“成品”的过程。此时的新产品是决策者的新产品，并非消费者心中诞生并真正需求的新产品，消费者充其量是决策者的赞同者。因而，新产品开发要广开言路，注意收集市场反馈和调查的信息，客观地评价产品的市场现状，形成集思广益的构思，开发适销对路的新产品，切忌在产品开发中“闭门造车”。

二、重视产品本身，忽视整体消费系统，盲目跟着市场寻找新产品

开发的新产品要满足市场需求，处于市场领先地位，必须研究老产品在使用过程中消费者遇到的问题（指产品缺陷造成的），这些问题反映了现实产品的功能、性能与满足消费者需求之间的差距，谁善于发现并及时解决了消费者遇到的问题，谁就能开发出适销对路的新产品。要做到这一点，研发人员不仅要从产品本身的角度来考虑问题，还要从消费者对产品完整乃至完美需求的角度去考虑问题。既要把产品视为消费者需求的物品，更应该把产品视为消费者追求的一个整体消费系统。比如，当人们饮用啤酒饮料时，所要求的不仅仅是消津解渴，同时对啤酒饮料还有有味道、有营养、有外观、有情绪的系统要求，这就要求企业生产的产品不仅要色、香、味、形、质都好，还要营养均衡；显然，消费者追求的是一个整体的消费系统。如果产品开发只考虑产品本身某一方面的需求，新产品就不会有旺盛的生命力。况且，要使新产品具有独特的市场竞争力，就更不能习惯于“紧跟市场找产品”，否则开发出的新产品不仅没有新意，还会永远步人后尘。

三、重视产品开发，轻视产品策划，简单盲目投放新产品

市场开发人员设计完新产品之后，不能简单地进行产品市场投放，而应和营销策划人员、市场业务人员（或市场总部人员和销售人员）一起，重点研究新产品投放市场之前的策划方案。其内容包括：①如何将新产品投放到目标市场；②如何进行新产品的铺货；③如何消除消费者的顾虑，使其尝试新产品；④如何进行新产品的促销；⑤新产品上市如何做到一举成功；等等。因为新产品开发像一把双刃剑，在企业投下重重的筹码之后，新产品可能成为企业实现利润和资源配置最优化的重要保证，也可能令企业一蹶不振，跌入新产品开发的陷阱。所以，在新产品投放市场之前，一定要重视产品的市场定位，认真做好产品投放市场之前的策划工作。任何简单盲目、急于求成的产品投放，都会招致新产品开发的失败。

四、重视内部定价，轻视同行竞争，幻想市场消化新产品

确定合理的产品价格，是新产品能否顺利进入市场的关键。确定新

产品价格时，当然需要根据产品的品质、性能、包装、成本和利税等因素，由财务部门协同研发部门测算产品的成本价，但是，新产品的出厂指导价和批发零售价不能仅由决策者主观决定，尤其不能缺少对竞争对手同类产品市场价格的调查与分析。受“高价位高促销”策略的影响，决策者往往幻想把产品通过高定价而增加的“成本”让市场去消化，使得消费者无法接受新产品。在竞争日益激烈的今天，任何产品的定价都不会因为企业成本高而一意孤行地通过提高产品市场价格来解决。毫不顾及同行业同类产品的市场竞争价格，人为地提高新产品市场价格的做法，是不可取的。正确的做法是：企业必须通过严格的内部挖潜，降低成本费用，提高产品质量，形成规模产品生产量的方式来解决成本和效益问题。应该牢记：由企业内部承担的成本，不要盲目地寄托于市场来消化，否则将无法和竞争对手展开竞争。

五、重视产品铺货，轻视顾客沟通，急于求成热销新产品

为使新入市的产品在竞争激烈的市场上脱颖而出，企业往往特别强调产品的市场铺货率。销售人员在受市场铺货和销售指标考核等因素的影响下，一时间会以到处能看到自己的产品为荣。殊不知盲目地铺货会给企业造成很大的资金沉淀，并导致坏账和呆账增加，市场风险加大。为解决这一问题，新产品铺货一定要先消除消费者的顾虑，加强与顾客的沟通，并在铺货时结合市场业务员、经销商产品促销和市场等情况综合考虑。企业铺货时应牢记：①训练有素的销售人员，是有效铺货的关键；②“少量多次”、“让利现款”和签订“供货合约”等方式，是有效铺货的保障；③细致的市场调查，是有的放矢铺货的重要前提；④促销，是新产品进入市场初期实现铺货的最直接手段；⑤精美的包装和合理的价格，是新产品顺利铺货的基础。不进行顾客沟通，急于求成地进行产品铺货，意在较短时期内形成产品热销，只会适得其反。

六、重视产品上市，轻视政策稳定，难以形成核心新产品

在新产品投放市场初期，往往会进行比较大的广告投入，制定相当优惠的促销政策。这时经销商看到有利可图，会采取一切办法引进新产品；业务员为完成新产品面市任务，也会把主要精力放在新产品上，甚至不惜在同一市场投放相同价位或相近价位的产品。在新产品销售的热

潮中，新产品如何定位（是形象产品、核心主推产品还是低档上量产品，投放到哪一个市场），新产品和老产品之间有没有价格冲突、会不会影响老产品的销量，市场上的产品结构是否合理等，都没有进行理性的调查分析。由于市场投入初期铺货形成了一定的假销售量（未被消费者真正消化），促销政策实行一定期限后又被取消，就会出现促销一停销售就下滑的局面。市场上老产品无人问津，新产品库存积压、开始滞销。经销商为尽快解决资金周转问题，会铤而走险，采取低价倾销的办法，结果刚刚上市的产品就此夭折。

我们不难分析造成这一现象的原因：①产品的品牌缺少一定的基础；②消费者对新产品没有产生真正的认同感；③新产品促销政策缺少稳定性；④企业过分追求新产品上市，忽视产品市场规划，高中低档产品结构不明晰，消费者不清楚哪一个产品是市场的领导者，价位相近的产品自相残杀；⑤缺少新产品在投放时间段的具体定位。企业正确的做法是：要重视新产品上市，但必须在投放时间、产品价位、产品定位、政策实施步骤、政策的稳定性上多加考虑，力争使新产品上市一个成功一个，并发展成为核心主推新产品。

七、只重视产品销量，轻视品牌培育，新产品成无市之市

新产品投放市场后，企业总希望在较短的时期内形成热销，无论产品有没有品牌做基础。在“不做品牌做销量”的营销方针指导下，企业为“没有做品牌的钱也可以有效提高销量”而振奋，经常会忽视三大问题：①没有搞清企业生产的产品究竟满足的是什么需求，哪个层次的需求，尽管在广告和促销的引导下，实现了部分销量，终因没有目标消费者和缺少重复购买消费者而导致失败；②形成的销量没有相应的推销能力做支撑，企业缺少一支优秀的销售队伍和健全的销售管理体系；③忽视品牌在销售网络中的建设，超出企业产品正常利润的网络建设投资成为企业沉重的负担，由于产品没有知名度，网点的要价越来越高。随着这三大问题的出现，企业会发现相同外形、相同质量、相同价格的产品，却因拥有不同的品牌而命运迥异，这就是没有品牌基础的结果。正确的认识应该是：品牌与销量是相辅相成的，二者不可偏废。企业要提高品牌的生命力，只能从提高企业的推销能力入手，扎扎实实地做好销售的基础工作；产品的销量如果没有品牌做基础，发展新产品将成为

无本之木。

八、只重视产品普销，轻视产品直销，弱化管理

新产品在投放市场前，企业会根据产品价位、包装和竞争对手产品情况，有一个初步的产品定位。一般情况是：高档价位产品作为形象产品，在比较大的直销场所进行产品展示，用于满足特殊的消费者需求，不求有量，但求所在；中档价位产品作为核心主推产品，要求在直销场所进行产品展示的同时，也要进行通路产品的销售，用于满足城市主要消费者的需求，既要有形象，也要求上量，直销和普销要双推进、双到位；低档价位产品作为上量占有市场份额的产品，在所有的通路网络都要进行展示，占有的市场份额越大越好，用于满足县城、乡镇和农村市场消费者的需求。为了把新产品做好，企业在进行新产品市场运作时，要坚持直销、普销产品双推进、双到位：把直销视为销售基础、销售形象，其目的是为了引导消费，以利于在品牌进入成熟期后实现销售上量；把普销视为直销的支撑，只做直销而放弃普销，不仅不能实现稳固占有市场的目的，也不会使直销进行长久。只有这样，才能确保市场稳固。企业应根据目标市场的实际需求，进行普销和直销的定位，但无论采取何种方式，企业必须做到“强营销，强管理”。实践证明，弱营销弱管理、强营销弱管理、弱营销强管理都是行不通的。

九、只重视新产品促销，轻视老产品维护，一味追求新产品运作

新产品开发成功，既令人兴奋又令人冲动。正是这种心态，让企业宁愿花较多的资金来寻找新客户、销售新产品，而不肯多花一些精力维持老客户、运作老产品。另外一种情况是，大多数企业认为，既然老产品完全可以自己照顾自己，多做稳定老产品的广告和促销就成了一种浪费，而新产品的宣传和促销更需要较大的投入。事实上，稳定老产品的广告和促销虽然不能大幅度提高销售额，但通常可以赚取相当的利润，因为广告和促销能够加强品牌的特别定位，强化过去或现在的满意客户对产品既存的良好印象，增加产品的销量。替新产品寻找、增加新客户要比替稳定的老产品维持、增加销量更难，花费也更多。因此，企业不应在开发新产品之后忽略了老产品的维护，一味追求新客户进行新产品

的运作，而陷入开发新产品—增加新客户—增加新产品的陷阱之中，导致成本费用的增加。最好的方法是，新产品要做，老产品更要做好，并尽量找出新老产品之间的联系，降低新老产品销售的综合成本。

十、只重视销售范围，轻视个性需求，产品被无情竞争淘汰

新产品发挥品牌效应需要一个成长过程，如果企业过分追求市场份额和销售数量，不是针对目标市场销售产品，而是将销售对象、范围扩大到全部消费群体，向所有消费者推销其产品，消费者就会失去对该品牌的信任，并影响到其目标消费者，缩小品牌的消费群体，最终导致新产品的衰败。这就是三株、盖中盖等新产品生存寿命较短的原因。随着企业销售范围的扩大，企业应不断加强对新产品的个性化服务，站在消费者的角度，把握新产品效益与顾客需求的吻合点，亦即把新产品的特点转化为顾客的需要。

在市场竞争越来越激烈的今天，市场需求已呈现多样化的趋势，企业要认真研究产品的特点和个性化需求，针对目标市场销售新产品。企业始终要牢记：要把产品卖给真正需要自己产品的消费者，而不要推销给不需要自己产品的消费者。比如，“商务通”进入市场之初，即明确定位其目标市场为从事商务活动的群体，并针对这一群体制定了相应的营销策略，其新产品很快被市场所认同。新产品不能体现个性化需求，必然会被无情的市场竞争所淘汰。

第三节　新产品开发的成功推进因素

成功的新产品开发，其一大挑战因素就是为产品设计一个蓝图，展现新产品从构思到成功发布的整个过程。在进行蓝图设计之前，必须了解新产品开发关键的成功推进因素。要审视新产品的每个成功推进因素，思考怎样利用它们，以及如何将这些成功推进因素有效地转化成新产品开发系统中的可操作因素。

一、一个特别的产品

所谓特别的产品，是指这个产品可以为消费者带来足够特别的利

益，体现具有竞争力的价值，这是新产品成功开发的第一驱动因素。

产品能否为用户提供独特和真实的价值，是区分成功者和失败者的最重要的因素。根据调查，这样的产品有5倍的成功率、超过4倍的市场占有率和4倍的利润率。在许多新产品研究中，产品价值和产品的独特性是决定成功与否的反复循环的主题。

对于产品开发者来说，产品的差异化和卓越性是成功的关键，这应该早已了然于胸。然而，真实情况却并非如此：一项又一项的研究表明，普遍的情况是大家都在开发“跟随应对型产品”和“模仿型”产品，而不是开发全新的产品。这样的结果往往是，大多数的项目并不能创造高额的利润。另外一个非常普遍的情况是，有些“技术迷”们借此机会为自己“树碑立传”——为自己的技术寻找市场；这也会产生不好的结果。

那些具有特定的客户和用户价值的优秀新产品，都具有以下共同特点：

第一，在满足客户需求，为客户提供独特价值方面具有优秀的竞争力，或者解决了一个其他同等竞争产品没有解决的问题。

第二，对于客户来说提高了产品的性价比，即减少了产品的总花费，同时还提高了产品的功能特性。

第三，相比同等竞争产品而言，为客户提供了优秀的产品质量，特别是客户可以实际感知和衡量的质量。

第四，为客户提供了有用而且明显可见的产品价值。

二、基于客户的声音

客户的声音对新产品成功非常重要，这就是所谓的市场因素和客户聚焦的新产品开发方法。

全面理解客户或者用户需求、竞争环境、市场特性，是新产品成功的一个重要因素。这一结论得到了几乎所有的新产品成功要素研究的支持。研究常常出现的主题包括：需求识别，用户需求理解，市场需求满意度，经常的客户接触，强烈的市场意识和周密的市场调查，市场活动的执行质量，以及对市场前端活动的更多投入。

相反，如果没有足够的市场投入，不愿意进行必需的市场评估和客户意见调查，或者将客户独立在产品开发之外，就会导致新产品开发的失败。几乎所有对新产品开发失败的研究都表明：很差的市场调研，没有足够的市场分析和市场调查、市场测试及市场开发，没有足够的市场活动投入，都会导致新产品开发的失败。

令人失望的是，绝大多数企业的新产品开发都没有进行足够的市场聚焦，详细的市场调研常常被忽略。进一步说，就是市场活动是整个新产品开发过程中执行得最差的一项活动，远远逊色于相关的技术活动；不仅如此，相对更少的资源和更少的资金被投入市场场活动中，投入额还不到整个开发项目总成本的20%。

最佳的创新企业是那些充分聚焦市场的领导者，它们会：

第一，和客户或者用户紧密合作来确定需求、问题和客户最关心的东西。这方面的投入超过表现差的企业4至5倍。

第二，和有创造力的用户一起工作，用户始终处在开发前端，带来新产品开发的新想法。

第三，通过市场调研来确定产品的定义。也就是说，用户意见调查是产生新产品定义的主要来源。最差创新企业却从没有这样做过；一般企业中，只有11%的企业会这样做。

第四，在整个开发过程中都与客户保持互动，而不仅仅是在开始和收尾的时候。成功的企业在这方面的投入是做得差的企业的6倍。

第五，将市场投入用来帮助开发上市设计。

三、在开发项目前期做好预先工作

预先工作和尽职调查是成功的关键因素。在产品开发前期进行尽职调查，肯定有良好的回报。无数的调查显示：在实际开发和设计工作之前所进行的步骤，决定了最后的成功和失败。最佳创新企业在“模糊开发前端”的项目中表现得更加精通和专业，因为它们真正做好了以下这些预先工作：

第一，初步筛选——进入项目的第一个决定。

第二，最初的市场评估——第一个评估市场容量和可能的产品接受度，做好了销量的快速市场调研。

第三，最初的技术评估——对项目进行技术评估，包括对技术风险和技术可能的实现方法的评估。

第四，最初的运作评估——供应源、制造和运作问题。

第五，详细的市场调研、市场研究和客户意见调查。

第六，概念测试——向客户和用户测试产品的概念，来确保客户的喜爱或购买意向。

第七，价值评估——确定产品对客户的价值。

第八，在进入开发阶段前进行商业和财务分析。

我们常常听到的抱怨是“更多的工作意味着更长的开发时间”，这是一个有根据的考虑，但是，经验表明，这些工作其实减少了开发的时间，并且提高了成功的概率。

首先，所有的证据都表明，如果这些工作被省略，那么产品失败的可能性就大大增加。所以，必须在前期做更多工作和更大的失败率这二者中做出选择，没有投入就没有回报。

其次，这些工作的结果会导致更好的项目定位，这样其实可以加快开发的进程。导致项目开发拖延的主要原因，是项目定位模糊和目标的变来变去。

最后，考虑到在整个项目开发周期中，产品设计不可避免地需要得到调整，绝大多数设计改变的时间不是项目从开发阶段到生产阶段的过程中。在前期做更多的工作可以预期这些改变，同时也应鼓励在项目开发周期的前期而不是后期做这样的改变，因为越往后成本会越高。

四、获得清晰的产品定位

进入开发阶段之前，产品和项目如何成功定位，是影响成功的一个关键因素，同时影响产品的面世时间。尽早获得清晰的产品定位，避免市场目标范围的频繁变动和设计及生产规格的不稳定，意味着更高的成功率和更快的面市。为了更好地进行产品定位，最佳创新企业在进入开发阶段前是这样做的：

第一，更加清晰地定义了传递给客户的价值。

第二，明确市场目标，同时也明确定位战略，也就是产品相对于竞争者而言在客户心中的地位。

第三，产品的概念——这个产品将成为什么样子和有什么样的功能——也得到了很好的明确。

第四，产品的定义很稳定。

第五，产品的特性、属性和特点都有了清晰的定义。

在开发阶段开始之前，保证明确的、早期的、稳定的和以事实为依据的产品定义，是缩短项目开发周期时间和保证新产品成功的第一因素；而没有准确地定义产品和项目范围，往往是新产品失败和延期进入市场的一个主要原因。所以，在进行全面开发项目之前，需要确定一些项目定义步骤的合成点，这个项目定义的合成点包括以下六个部分：

第一，项目开发的范围：国内还是国际，新产品开发还是发展平台，等等。

第二，目标市场定义。要精确到这一产品为谁设计。

第三，产品的概念：这个产品将要成为什么样子，将要有什么样的功能。

第四，可以传递的价值。包括对用户或者客户的价值定位。

第五，定位战略。包括目标价值。

第六，产品的特性、属性、绩效要求和高层次的规格。

全面的定位应该以事实为依据。应该从相关职能部门包括市场部门、研发部门、工程部门和运营部门等的统一投入来进行开发。整个项目团队都应该在这方面最终达成一致，高级的管理人员也应该参与其中。

五、循环的开发过程

循环的开发过程是快速开发小组处理变动信息的程序，建立、测试、获取反馈和修改，尽早让客户接触构成产品的那些要素，常常可以得到合适的产品。进入开发阶段时，一些信息是变动的，一些信息甚至是不可靠的。除此以外，循环的开发过程可以帮助项目开发小组得到正确的产品和产品定义。

许多企业在开发产品时使用严格且线性的流程，这样其实是不对的。项目开发小组在开发前用一阶段时间勤劳地拜访客户，尽量确定客户的需求和要求，这样会使预先工作很圆满地得以完成，产品的定义和规格也得以确定。这样，到这一步为止，都是很好的状态。

项目开发在不断地进行，但是开发的流程都是严格的线性流程；项目开发小组持续地埋头推进项目，却不抬头看看周围情况。可是 10 个月或者 15 个月过去后，也就是在这种线性开发流程的最后，产品要进行市场测试或者客户测试时，一切都出问题了。当把产品提供给原来那些客户时，他们表示“这并不是他们期望中的产品”，或者“情况已经改变了”。又或者，一个新竞争产品已经面市，改变了市场的竞争环境。

问题的症结就在于所采用的严格且线性的开发流程。也许最初的产品要求就不对：在最初的客户意见收集工作完成时就漏掉了一些关键的要素；或者在接下来的10～15个月内，情况确实发生了变化。这样项目开发团队就不得不回到开发阶段准备“另一种”产品开发，甚至还得回到图纸阶段。所以，严格且线性的开发流程不能适应环境变化的要求。

优秀的项目开发团队和企业采用循环的开发方式（基于IT企业所使用的“敏捷开发”）。举个例子，在整个开发环节中，最好的开发企业有6倍的可能性会与客户和用户进行互动。它们建立了循环往复的过程，因此为客户提供了一系列产品来获得客户的反馈和认可。这些循环是一系列的“建立—测试—获取反馈—修改”的循环。

六、良好的设计和有效执行的市场发布

爱默生曾说：“打造一个更好的捕鼠器，全世界的人都想来找你。”（这也就是中国人所说的“酒香不怕巷子深”。）问题是爱默生是一名诗人，而不是一名企业家。这句名言其实是行不通的。产品不仅要足够优秀，而且它的价值也要得到足够的宣传和推广。良好的设计和有效执行的市场发布是新产品成功的核心，而发布工作的核心部分则是坚实的市场计划。一个有质量的发布活动会直接影响产品的盈利情况。最佳创新企业是这样做的：

第一，它们需要做市场调查来了解客户和购买者的行为，这样才能更好地起草发布计划。

第二，它们会进行市场测试；或者通过试售来检验产品的适销性，同时测试市场发布计划的要素。

第三，它们会做全面的发布前的产品分析。

第四，它们执行发布的能力往往是差的开发者的3倍甚至更高。

不要认为好的产品就不需要进行推销了，也不要把产品发布当成一个后来添加的事物。因为发布是产品开发过程的最后一步，所以永远不

要低估它的重要性。当然，一个全面且针对性强的市场发布并不是凭空而来的，它来自精细的市场计划、有力的支持和专业的执行。

市场策划——从市场目标到战略，再到市场项目——是一个复杂的过程。很多书籍的整个部分都围绕着这个主题。但是，这个复杂的市场策划过程应该囊括进新产品开发系统里。举个例子，定义目标市场和产品开发定位战略的一个关键步骤是进行市场策划，这是在产品开发之前的产品定义中的一部分工作。还有许多关键问题的答案——客户如何购买？通过什么样的渠道？他们的信息来源是什么？他们需要什么样的服务？——是开发市场项目的具体细节的核心。这些问题的答案必须来自对新产品过程和方案的市场调研。至于怎样做市场调查，请参看相关书籍，这里不再详细叙述。

七、速度

有很多方法可以加快项目的进度，但这却是以牺牲产品的质量为代价的。对市场来说，速度很重要，有很多有说服力的理由可以说明缩短产品周期是应优先考虑的因素。

第一，速度可以产生有竞争力的优势——第一个进入市场的产品会赢！虽然可能会有与此结论相反的证据存在，因为第二个进入市场的产品通常可以避免第一个产品所犯的错误而获得更多的收入，但是，平均来说，第一个进入市场的产品通常会表现得更好。调查显示：第一个进入市场的产品有70%的成功率，而第二个进入市场的只有58%的成功率；第一个进入市场的产品有更高的利润比率（实际利润与预期利润之比）。

第二，速度可以产生更高的利润率。同样，这个结论的证据也不统一。我们的理解是，在利润率和时间性（准时的情况和时间效率）之间有比较微弱的正相关关系，而其他一些研究表明利润与时间没有确定性关系。尽管如此，毋庸置疑，第一个进入市场的产品可以更早地实现其收入（资金是有时间价值的），而且，在整个产品生命周期中会实现更多的收入与利润。

第三，速度意味着稳定性。如果一个产品能很快地投入市场，则市场有很大可能没有发生变动。

另外，可能还有一个相对没有说服力的原因，是高级执行官希望在年底之前得到产品的收入（这通常取决于该执行官的绩效是怎样被考核的）。

第四节　专利和知识产权

在如今这个创业的时代，国家为了大力鼓励创业活动，相继出台了一系列鼓励创业的政策和措施，为创业者提供了一个施展创业才能的宽松政策环境。在对各种形式的创业活动给予大力支持，鼓励大学毕业生创业的同时，国家还积极鼓励在校大学生开展创业活动。政策的鼓励以及法律法规不断健全和完善，为创业活动提供了有力的保障。然而，创业过程中的新产品的研发都具有“难开发易复制”的特点，如果不对研发成果进行保护，这些成果被开发出来后，就很容易被别人低成本获得。相反，如果在新产品上市之前就已经对其进行了知识产权保护，企业就拥有了独占实施的权利，这样也就自然而然地进入了市场竞争的良性循环。

一、注重知识产权保护

知识产权（Intellectual Property Right，IPR）可以点石成金；对于企业来说，知识产权就是生命线。若企业不重视知识产权，就会直接影响到企业的发展。对于新品的推广来说，知识产权更是关系到法律风险、生存风险的双刃剑：一方面，如果知识产权保护不到位，新产品所使用的技术就有可能被他人合法拥有；另一方面，如果盲目“复制”、盲目推广，也有可能侵犯他人的知识产权，企业就要因此承担一定的法律责任。

企业知识产权主要包含专利权、商标权和著作权。企业应对新产品进行相应的知识产权保护，从而更有力地开拓市场。

（一）专利权保护

专利技术产品在研发投入及推广之前，一定要做专利检索，避免重复开发。另外，专利是非常脆弱的知识产权，如果在开发之前没有做好专利权保护，一旦投入市场，极容易被盗取，成为他人的囊中之物。因此，企业在研发、推广专利产品之前，一定要对专利技术产权申请专利保护。

（二）商标保护

许多企业几种甚至上百种产品同时使用一个商标，却忽略了商标权的问题。除驰名商标外，我国商标执行的是分类保护原则，同一个名称或者近似的名称在不同类别的产品同时存在的情形很多，若企业在推广新产品之前忽略了商标权问题，就很容易侵犯到他人已经在先拥有的商标权。因此，企业在推广一个新产品之前一定要考虑到商标的问题，应该提早对商标进行多类别保护；若已经有其他企业拥有了在新产品类别上的商标权，则需考虑为该新商品重新命名，避免侵害他人合法权益。

（三）著作权保护

企业对于具有独创性、可复制的产品，应进行著作权保护，如文学作品、软件作品、绘画作品、影像作品、工艺美术品等立体作品，还有表演作品、音像作品等以及以激光唱盘、多媒体等为载体的新的作品形式。

知识产权保护是企业进行市场竞争的核心竞争力，企业应当提高知识产权保护意识，把知识产权保护纳入企业管理规划中，从而保障企业竞争的良性发展。对于新产品开发和推广来说，专利的申请更为重要，下面就介绍专利申请的相关事项。

二、专利申请的相关事项

（一）专利申请的提交形式

申请人应当以电子形式或者书面形式提交专利申请。

1. 申请人以电子文件形式申请专利的，应当事先办理电子申请用户注册手续，通过专利局专利电子申请系统向专利局提交申请文件及其他文件。

2. 申请人以书面形式申请专利的，可以将申请文件及其他文件当面交到专利局的受理窗口或寄交至国家知识产权局专利局受理处（以下简称专利局受理处），也可以当面交到设在地方的专利局代办处的受理窗口或寄交至“国家知识产权局专利局×××代办处”。

目前专利局在北京、沈阳、济南、长沙、成都、南京、上海、广州、西安、武汉、郑州、天津、石家庄、哈尔滨、长春、昆明、贵阳、杭州、重庆、深圳、福州、南宁、乌鲁木齐、南昌、银川、合肥、苏州、海口、兰州、太原等城市设立代办处。查询专利局代办处信息可登录 http://www.sipo.gov.cn/zldbc/。国防知识产权局专门受理国防专利申请。

（二）申请专利应当提交的申请文件

1. 申请发明专利的，申请文件应当包括：发明专利请求书，说明书摘要（必要时应当提交摘要附图），权利要求书，说明书（必要时应当提交说明书附图）。

涉及氨基酸或者核苷酸序列的发明专利申请，说明书中应当包括该序列表，把该序列表作为说明书的一个单独部分提交，并单独编写页码，同时还应提交符合国家知识产权局专利局（以下简称专利局）规定的记载有该序列表的光盘或软盘。

依赖遗传资源完成的发明创造申请专利的，申请人应当在请求书中对遗传资源的来源予以说明，并填写遗传资源来源披露登记表，写明该遗传资源的直接来源和原始来源。申请人无法说明原始来源的，应当陈述理由。

2. 申请实用新型专利的，申请文件应当包括：实用新型专利请求书，说明书摘要及其摘要附图，权利要求书，说明书，说明书附图。

3. 申请外观设计专利的，申请文件应当包括：外观设计专利请求书，图片或者照片（要求保护色彩的，应当提交彩色图片或者照片），以及对该外观设计的简要说明。

（三）申请文件使用统一制定的表格

申请文件应当使用专利局统一制定的表格。这些表格可以从国家知识产权局网站下载，下载地址 http://www.sipo.gov.cn/bgxz/，或者在专利局受理大厅的咨询处索取或以信函方式索取（信函寄至：国家知识产权局专利局初审及流程管理部发文处），也可以向各地的国家知识产权局专利局代办处（以下简称专利局代办处）索取。一张表格只能用于一件专利申请。

申请文件的纸张质量应当相当于复印机用纸的质量。纸面不得有无用的文字、记号、框、线等。各种文件一律采用 A4 尺寸（210 毫米 ×

297 毫米）的纸张。申请文件的纸张应当单面、纵向使用。文字应当自左向右排列，纸张左边和上边应当各留 25 毫米空白，右边和下边应当各留 15 毫米空白。

（四）提交申请时如何排列申请文件

发明或者实用新型专利申请文件应当按照下列顺序排列：请求书，说明书摘要，摘要附图，权利要求书，说明书（含氨基酸或核苷酸序列表），说明书附图。

外观设计专利申请文件应当按照下列顺序排列：请求书，图片或照片，简要说明。

申请文件各部分都应当分别用阿拉伯数字顺序编写页码。

（五）证明文件

办理专利申请相关手续要附具证明文件的，各种证明文件应当由有关主管部门出具或者由当事人签署。各种证明文件应当是原件；证明文件是复印件的，应当经公证或者由出具证明文件的主管部门加盖公章予以确认（原件在专利局备案确认的除外）。申请人提供的证明文件是外文的，应当附有中文题录译文。

（六）签字或者盖章

向专利局提交的专利申请文件或者其他文件，应当按照规定签字或者盖章。其中未委托专利代理机构的申请，应当由申请人（或专利权人）、其他利害关系人或者其代表人签字或者盖章，办理直接涉及共有权利的手续，应当由全体权利人签字或者盖章；委托了专利代理机构的，应当由专利代理机构盖章，必要时还应当由申请人（或专利权人）、其他利害关系人或者其代表人签字或者盖章。

（七）其他

其他专利申请的相关事项，如申请文件的文字和书写要求，同日申请说明，专利申请内容的单一性要求，委托专利代理机构，专利申请的受理，申请日的确定，申请日的更正，缴费，向外国申请专利等，均可在国家知识产权局专利局网上查询。

本章练习

思考题

1. 新产品开发过程中，你认为关键步骤是什么？如果出现问题，你打算如何应对？
2. 试举例说明企业采用“阶段—关口”模式开展新产品开发的程序。
3. 论述新产品开发的成功要素有哪些，并说明你认为的关键点是什么。
4. 为什么要保护新产品的专利和知识产权？
5. 知识产权对企业发展至关重要，如何申请专利？

综合训练

食品新产品开发程序文件

1. 目的

对食品研发全过程进行控制，确保研发的食品能满足国家标准及顾客的要求。

2. 适用范围

本程序适用于食品的研发和食品的改进活动。

3. 职责

3.1　食品研发部负责编制并且监督执行食品开发计划，负责食品开发全过程的组织、协调和管理。

3.2　品管部协助进行研发过程中所需的食品检测工作。

3.3　总经理负责产品立项，负责主持产品鉴定并批准产品鉴定报告。

3.4　与食品开发有关的其他部门要积极参与食品的开发工作。

4. 作业程序

4.1　食品研发的策划

4.1.1　营销部策划人员收集、分析各类市场信息，在此基础上，提出“食品开发建议书”，报总经理批准后，连同相关资料转交食品研发部。

4.1.2　食品研发部经理根据所开发食品的性质，成立食品开发小组并任命食品开发小组组长。食品开发小组的成员来自食品研发部、品管部、生产部、营销部和采购部。

4.1.3　食品开发小组组长负责小组内成员的职责及工作安排，负责做好食品开发各阶段的组织和协调工作，负责食品开发全过程的跟进和监督。

4.1.4　食品开发小组组长组织编写“食品开发计划书”，经食品开发小组成员讨论后，送食品研发部经理审核，总经理批准。批准后的“食品开发计划书”下发有关部门实施。

“食品开发计划书”应随着食品开发的进展适时进行修订。

4.1.5　食品开发小组组长在组织编写“食品开发计划书”的同时，应编制“食品开发费用预算表”。“食品开发费用预算表”送食品研发部经理审核，总经理批准后，交财务部备案。

4.1.6　食品开发小组组长要做好食品开发各阶段的组织和协调工作。参与食品开发的各部门、人员间以“信息联络单”的形式进行食品开发信息的沟通或以例会记录的形式进行沟通。

4.2　食品研发的输入

4.2.1　食品开发任务书的编制

食品开发小组组长根据“食品开发建议书”等资料编制“食品开发任务书”，“食品开发任务书”应明确规定对食品开发的要求，内容可包括：

（1）食品感官特性：包括气味、口味、质地和外观特性（就是通常指的色、香、味、形）等。

（2）食品营养特性：营养素、营养成分的种类和性质。

（3）食品原辅材料的要求。

（4）食品的安全卫生要求。

（5）食品的保质期限要求。

（6）食品的价格要求。

（7）包装、运输、贮存要求。

（8）适宜的消费者。

(9) 销售方式。

(10) 相关的法律法规和标准的要求。

(11) 环保要求。

(12) 类似食品的信息以及食品研发所必需的其他要求。

4.2.2　食品开发任务书的评审

食品开发小组组长组织有关开发人员与营销部等相关部门对“食品开发任务书”进行评审，确保其中不完善、含糊或矛盾的要求予以解决。

评审采取会签形式进行。

“食品开发任务书”经食品研发部经理审核、总经理批准后，连同相关背景资料提供给相关食品开发人员。

4.3　实验室阶段的研发——配方开发、样品试制及评审

4.3.1　食品开发小组进行食品样品试制，并拟制出《食品配方》。试制时，要把原辅料成分、比例、工艺参数、试制设备记录在“样品试制记录表”上。

4.3.2　品管部抽出一部分样品进行感官、理化及微生物检验，出具“产品检验报告”。

4.3.3　食品开发小组组织有关的职能部门对配方、样品进行评审(评审前可让评审人员品尝食品样品)。

(1) 评审由食品研发部经理主持。参加评审的部门一般包括食品研发部、营销部、品管部、生产部、仓库、采购部等部门。

(2) 评审的内容主要包括食品的感官特性、食品的营养特性、食品的安全卫生、食品原辅材料的选择、食品的包装、运输与贮存、食品的预期用途、食品的生产成本、食品批量生产的可行性、新食品所带来的环境影响以及与相关的法律法规和标准的符合性。

(3) 将评审的结果及评审后应采取的必要措施记录在“产品研发评审表”上。“产品研发评审表”经食品研发部经理批准后下发相关部门。食品开发小组应对评审中要求采取的措施的执行情况进行跟踪。

4.4　食品研发配套工作的开展

4.4.1　完成与食品有关的全部技术文件。

(1) 食品开发小组完成与食品有关的全部技术文件。要完成的技术文件可包括：

①产品描述（含终产品的预期用途）。

②原料、辅料、与产品接触的材料的特性描述。

③产品配方，产品标准/技术条件（含包装标准）。

④采购物资技术要求（原料、辅料、与产品接触的材料的采购标准）。

⑤包装盒、使用说明书等包装图样及包装文件（含食品标签），等等。

（2）对食品的安全食用所必需的产品特性、注意事项，应标识在相关的技术文件中，或在技术文件中做特别的说明。

（3）全套技术文件由食品开发小组组长审核、食品研发部经理批准后下发。

4.4.2　食品需送有关国家/行业机构检验，办理许可证时，食品开发小组组长应组织作好相关工作。

4.5　小批量试制

4.5.1　工艺方案的编写。

小批量试制前，食品开发小组应对生产过程进行策划，编写小批量试产的“工艺方案”。

“工艺方案”的内容可包括：

（1）对工艺工作量的大体估计。

（2）设备的购置或设计、改装意见。

（3）专用工艺装备设计、制造意见。

（4）生产工艺流程的建议，关键工序点（含工序质量控制点 CP、食品安全关键控制点 CCP）设置的建议。

（5）提出应编写的全部工艺文件及要求。

（6）对工艺、工装的验证要求。

（7）对检测手段、检测方法的建议。

（8）生产节拍安排、投产方式的建议。

（9）环保建议。

（10）车间平面布置的调整建议，等等。

4.5.2　工艺方案的评审。

在工艺方案实施前，食品开发小组组织有关部门对其进行评审，以确认工艺方案的正确、合理与完整性。参加评审的部门一般包括品管部、生产部、设备部等部门。

评审的内容可包括：

(1) 工艺方案和工艺流程的合理性和经济性，满足产品质量、安全要求的符合性。

(2) 工艺设计的可行性，包括特殊和专门的工艺要求。

(3) 可检验性和可试验性，检验方法的合理性，检验手段的适应性，包括特殊检验用设备和仪器。

(4) 工装设计的适用性和设备选型的合理性。

(5) 环保的可行性与合理性。

(6) 关键工序点（含工序质量控制点、食品安全关键控制点）设置及工序质量因素分析的正确性。

食品开发小组整理出“工艺方案评审报告”。“工艺方案评审报告”应记录工艺方案评审的结果及评审后应采取的必要措施。

工艺方案评审之后，着手进行工艺装备的设计，危害分析及HACCP计划的建立，工艺规程、工艺文件的编写等。

4.5.3　编制车间平面布置图。

必要时，食品开发小组应编制车间平面布置图，车间平面配置图上要注明人流、物流走向，设备分布，卫生管理区域，检测点，CCP点，贮存区等。

4.5.4　绘制产品工艺流程图，并编制工艺描述。

(1) 食品开发部工程师绘制产品流程图。流程图的内容包括：

①操作中所有步骤的顺序和相互关系；

②源于外部的过程和分包工作；

③原料、辅料和中间产品投入点；

④返工点和循环点；

⑤终产品、中间产品和副产品放行点及废弃物的排放点。

(2) 食品开发小组编制工艺描述，对过程流程图中的每一步骤的控制措施进行描述。工艺描述的内容包括过程参数及其实施的严格度、工艺控制方法及要求、工作程序，还包括可能影响控制措施的选择及其严格程度的外部要求（如来自顾客或主管部门的要求）。

4.5.5　工装、设备的配置。

按《工艺装备管理规定》的要求做好工装的设计、制造与验收，确保在小批试制前到位；按《设施、设备管理程序》的要求做好生产设备的配置工作。

4.5.6 监测装置的配备。

品管部按《监视、测量设备和方法控制程序》的要求做好监测装置的配置，确保在小批试制前到位。

4.5.7 进行危害分析并建立OPRP操作性前提方案、HACCP计划。

(1) 在工厂布局、工艺流程完成，设备、工装到位，工艺文件(作业指导书)最终定稿之前，生产副总经理牵头成立食品安全小组，进行危害分析并建立OPRP操作性前提方案、HACCP计划。详见《危害分析与HACCP计划建立控制程序》。

(2) OPRP操作性前提方案、HACCP计划建立完成后，食品安全小组要对其有效性进行确认，详见《确认、验证、验证结果的评价与分析控制程序》。

4.5.8 编制过程指导书(工艺规程)。

4.5.8.1 食品开发小组根据工艺流程图、工艺描述、OPRP操作性前提方案、HACCP计划及相关标准编写指导工人操作和用于生产、工艺、环境管理的工艺文件，包括工艺卡/作业指导书、原辅料定额等。

工艺文件中应对关键工序、特殊工序、工序质量控制点CP、食品安全关键控制点CCP作特别的注明。

(1) 关键工序的设置原则：

①对最终产品的特性(感官、营养特性等)有直接影响的工序。

②产品特性形成的工序。

③工艺难度大，质量较易波动或问题发生较多的工序。

(2) 特殊工序的设置原则：

①工序结果不能通过其后的检验和试验加以验证。

②工序结果的缺陷仅在后续的过程乃至在产品食用后才显露出来。

③工序结果需实施昂贵的测试才能获得证实。

4.5.8.2 食品开发小组编制供包装工人使用的包装作业指导书。

4.5.8.3 品管部编制检验作业指导书。

4.5.9 小批量试生产。

4.5.9.1 做好小批生产的准备工作。

（1）食品开发小组用“小批试制准备情况检查表”检查设备、工装、监测装置、工艺规程的准备情况，确保设备、工装、监测装置、工艺规程、HACCP 计划、OPRP 操作性前提方案在试生产前准备到位。

（2）生产部计划科做好车间生产计划并统筹试制物料的采购。

4.5.9.2　食品开发小组填写“小批试制申请报告”，经品管部、生产部会签评审后，报食品研发部经理审核，总经理批准后实施。

4.5.9.3　在试制准备工作完成后，开始进行试生产。

（1）试制前三天，由食品开发小组组长主持召开产前会，落实试制准备情况并明确各部门在试制中的作用。同时，由研发工程师讲解试制过程中的检验和生产要点。

（2）食品开发小组指导车间根据工艺文件、HACCP 计划、OPRP 操作性前提方案进行试制工作。试制中，品管部等部门应做好配合。试制中发现的问题应及时以“信息联络单”的形式向食品开发小组反映。

4.5.10　研发验证——试制产品的检验。

品管部从试产的产品中抽样进行感官、理化、微生物检测，出具相应的“产品检验报告”。

4.5.11　小批试制总结

试制结束后，食品开发小组应对试制工作进行总结，编写“小批试制总结报告”。

4.5.12　特约顾客的品尝。

营销部向特约顾客发放试产的食品供其品尝。营销部根据顾客品尝的情况，填写“顾客食用报告”交食品开发小组。

4.5.13　产品鉴定（研发确认）。

食品开发小组按照试制、检验验证、顾客食用品尝中所提出的改进意见对配方、技术文件、工艺文件、HACCP 计划等进行修改补充后，适时召开产品鉴定会，审查通过产品标准。

4.5.13.1　产品鉴定会由食品开发小组组织，食品研发部经理主持，营销部、品管部、生产部等部门参加。

4.5.13.2　产品鉴定会召开时，食品开发小组应准备鉴定资料，包括食品开发任务书、食品开发输出文件、OPRP 操作性前提方案、HACCP 计划、评审验证记录、小批试制总结报告、顾客食用报告等。

4.5.13.3　与会代表对这些鉴定材料进行审查，提出对产品配方、技术文件、产品检测、生产条件、环境保护及顾客食用等方面的意见，在此基础上得出鉴定结论，通过产品标准。

鉴定结论包括：

(1) 产品达到“食品开发任务书”及顾客要求的评价。

(2) 产品技术文件、工艺文件、OPRP操作性前提方案、HACCP计划是否齐全、统一、正确，能否正确指导生产的评价。

(3) 食品质量、食品安全、工艺、技术水平、生产能力、环境保护的先进性，顾客食用的感官特性、安全性、营养性以及采用国内外先进技术标准等方面的评价。

(4) 是否具备批量生产的条件。

4.5.13.4　食品开发小组整理出“产品鉴定报告”，“产品鉴定报告”应记录鉴定的结论及应采取的改进措施。“产品鉴定报告”经食品研发部经理审核、总经理批准后下发相关部门。

4.5.14　完善批量生产的准备工作。

4.5.14.1　食品开发小组对产品鉴定中提出的改进意见进行落实。

4.5.14.2　相关部门完善与其有关的批量生产的其他准备工作。

4.6 研发改进

4.6.1 研发改进的申请

(1) 凡与食品相关的人员均可对食品中存在的缺陷及不足提出食品改进申请。

(2) 因工艺调整、检测设备测试能力所限，采购或外协加工困难和顾客反馈的有关食品缺陷，由相关部门提出食品改进申请。

(3) 食品改进申请采用“信息联络单”的形式提出，由申请部门填写后，交食品研发部。食品研发部应将是否接受改进的信息反馈给申请部门。

4.6.2　食品改进的实施

(1) 食品研发部对“信息联络单”提出的改进申请进行分析，确定是否进行改进。

(2) 重大的食品改进均应按本程序的有关规定进行适当的评审、验证和确认。

(3) 一般的食品改进，由食品研发部负责跟进直至达到预期的改进效果。

(4) 技术文件、工艺文件、OPRP操作性前提方案、HACCP计划改进时，应填写“文件更改通知单”，经食品研发部经理批准后连同相应的文件分发给有关部门或人员。

4.7　食品研发技术文件的管理

依据《文件控制程序》对食品研发中的技术文件进行管理和控制。

5. 支持性文件

5.1　《工艺装备管理规定》。

5.2　《设施、设备管理程序》。

5.3　《监视、测量设备和方法控制程序》。

5.4　《危害分析与HACCP计划建立控制程序》。

5.5　《确认、验证、验证结果的评价与分析控制程序》。

5.6　《文件控制程序》。

6. 记录

6.1　食品开发建议书。

6.2　食品开发计划书。

6.3　食品开发费用预算表。

6.4　信息联络单。

6.5　食品开发任务书。

6.6　样品试制记录表。

6.7　产品研发评审表。

6.8　工艺方案。

6.9　工艺方案评审报告。

6.10　小批试制准备情况检查表。

6.11　小批试制申请报告。

6.12　产品检验报告。

6.13　小批试制总结报告。

6.14　顾客食用报告。

6.15　产品鉴定报告。

6.16　文件更改通知单。

从《食品新产品开发程序文件》看，新产品开发程序的作用是什么？它体现在哪些方面？

要点提示

1. 程序文件可规范新产品的研发工作，提高新产品开发的效率和有效性；
2. 新产品开发是一项极其复杂的工作，必须按照一定的程序开展工作，这些程序之间互相促进、互相制约，才能使产品开发工作协调、顺利地进行；
3. 新产品开发应与团队协作同步，团队的跟进是新产品开发成功的重要因素。

第五章 大学生创业前期准备

知识目标

了解大学生创业前期准备的相关内容，熟悉新产品创业前期调研和创业机会的形成，掌握创业计划书撰写、创业团队建设和创业资金筹措的相关知识。

能力目标

具备撰写创业计划书的技能，掌握大学生创业前期准备的相关内容，提升组建创业团队以及筹措创业资金的能力。

第一节 新产品创业前期调研和创业资源的形成

一、新产品与市场调研

（一）新产品市场调研主要研究的问题

1. 市场可行性研究。所谓市场可行性研究（Market Feasibility），就是了解市场规模，分析市场前景。不同产品的市场规模、市场潜力均不相同。企业在进行生产决策和营销决策时，要充分分析产品、品牌或服务的市场需求，评价潜在市场的规模、潜力，以决定在该市场投资是否有价值，并确定投资规模。要了解市场潜力，通常要考虑人口的数量、购买力和购买欲望，同时也要了解当前市场的饱和度以及各品牌的市场占有率等。

2. 竞争分析。竞争是商战中最具有战略性的因素，也是企业必须时刻密切关注和进行调查的内容。从总体上说，企业应该了解行业竞争的整体形势。例如，关于竞争状况的调研应包括：调查市场上存在着多少竞争品牌，它们分别是什么；各种竞争产品的特点，在市场中所处的位置；市场推广、促销手段和价格策略；不同的产品在满足消费者需求方面的优势、劣势；等等。只有通过竞争分析，企业决策者才能做到“知己知彼”。

3. 产品研究。产品研究包括产品概念测试、产品测试、产品或服务用法研究等。

概念测试用于了解产品在消费者心目中是什么样子的，产品哪一方面的特点最为突出等问题，这方面的研究可服务于品牌定位或产品的重新定位的决策。

产品测试主要是分析产品在造型设计、性能、效用、质地、结构等方面存在哪些优点和不足，是否符合市场目标对象的要求，产品是否需要改进；同时可以了解产品有什么新用途，应采用何种原料以及如何保养等方面的信息，还可以了解消费者对新产品的认识。

产品或服务用法研究用于决定一类产品或服务用哪一种品牌好，也用于决定哪一种品牌名称最容易出现在消费者脑海里，消费者为何喜欢等问题。

海信公司为提高 Hisense 品牌对中青年人群的吸引力，以 1 ~3 人家庭为主要目标群体；在关于冷冻布局的竞品分析中，详细标注了不同品牌冰箱产品的箱体容积、高度以及抽屉高度，经过研究分析，认为海信这款新产品冷冻容积在主力竞品中最大，抽屉尺寸能基本满足日常需求，再增大冷冻容积及门体高度将减弱成本竞争力。这就为总部研发做最终决策提供了有力依据。

4. 价格研究。价格研究是了解市场中各竞争品牌以及各种产品类型的定价，探究价格在品牌选择中的重要性，定价策略对产品销售的影响；分析消费者对价格的弹性要求、对价格变动的反应以及价格理想点，找出有利于促进产品销售的定价策略等。

苹果 iPod 是近年来最成功的消费类数码产品之一。第一款 iPod 零售价高达 399 元美元，即使对于美国人来说，也属于高价位产品，但是有很多“苹果迷”既有钱又愿意花钱，所以纷纷购买。苹果公司认为还可以“撇到更多的脂”，它利用消费者的求新、求奇心理，抓住激烈竞争尚未出现的有利时机，有目的地将价格定得很高，以便在短期内获取尽可能多的利润，尽快地收回投资，于是不到半年又推出了一款容量更大的 iPod，定价 499 元美元，仍然销路很好。在 iPod 最初采取撇脂定价法取得成功后，苹果公司又根据外部环境的变化，主动地改变了定价方法。2004 年，苹果推出了 iPod shuffle，这是一款大众化产品，价格降到 99 美元一台。之所以在这个时候推出大众化产品，是因为：一方面市场容量已经很大，占据低端市场也能获得大量利润；另一方面，竞争对手也推出了类似产品，苹果急需推出低价格产品来抗衡。但是原来的高价格产品并没有退出市场，只是略微降低了价格而已；苹果公司仅仅通过在产品线的结构上形成了“高低搭配”的良好结构，就改变了原来只有高端产品的格局。

多年来，一直有一些在企业和特定市场中有经验的人使用一些经验法则，对市场机会进行筛选。风险投资者和精明老练的企业家们在筛选创业机会时，往往都要利用一系列的评估准则。评估准则主要分为产业和市场、资本与获利、竞争优势、管理班子和致命缺陷等若干个方面。一般来说，好的经营机会将在所列准则的大部分中表现出其巨大的潜力，或在一个或几个准则中拥有其竞争者望尘莫及的压倒性优势。

（二）新产品市场调研的意义

1. 市场调研（调查）在新产品开发中的重要作用。新产品开发是企业生存与发展的决定性因素，而不断地、成功地开发新产品，用新产品占领市场，则是企业充满活力的一种表现，也是企业能够继续生存的关键因素之一。能够不断地开发、推出一些新产品，是企业以及不少科研机构的重要任务。然而，仔细观察我们丰富的新产品市场就会发现，在产品日新月异的背后，却是极低的产品开发成功率。据有关资料统计，新产品的失败率高达 80% ~90%，另有一些新产品虽然在开发上一时成功了，但在推广与销售上却未能达到预期的目的。这一切都给企业和研究单位造成了不必要的巨大浪费。只要我们深入地分析不少新产品开发失败的原因，就会发现原因是多方面的，诸如市场环境因素、开发单位综合能力因素、新产品特性因素、新产品活动效率因素、产品商业化条件因素等，都可能造成新产品开发的失败。这些因素中，除开发单位综合能力因素外，其余大多数都与市场有着直接且密切的关系。

2. 新产品市场调研目标。进行市场调研，首先要明确市场调研的目标。按照企业的不同需要，市场调研的目标有所不同。除了调查宏观市场环境的发展变化趋势，尤其是所处行业未来的发展状况而外，企业制定市场营销策略时，要调查市场需求状况、市场竞争状况、消费者购买行为和营销要素情况；当企业在经营中遇到问题时，还应针对存在的问题和产生的原因进行市场调查。

3. 新产品市场调研的方法。企业开展市场调查，可以采用两种方式：一是委托专业市场调查公司来做；二是企业自己来做，企业可以设立市场研究部门负责此项工作。

（三）设计调查方案

一个完善的市场调查方案一般包括以下几方面内容：

1. 调查目的、要求。根据市场调查目标，在调查方案中列出本次市场调查的具体目的和要求。例如，本次市场调查的目的是了解某产品的消费者购买行为和消费偏好情况等。

2. 调查对象。市场调查的对象一般为消费者、零售商、批发商，零售商和批发商为经销调查产品的商家，消费者一般为使用该产品的消费群体。在以消费者为调查对象时，要注意到有时某一产品的购买者和使用者不一致，如对婴儿食品的调查，其调查对象应为孩子的母亲。此外还应注意到，一些产品的消费对象主要针对某一特定消费群体或侧重于某一消费群体，这时调查对象应注意选择产品的主要消费群体。例如：对于化妆品，调查对象主要选择女性；对于酒类产品，其调查对象主要为男性。

3. 调查内容。调查内容是收集资料的依据，是为实现调查目标服务的，故要根据市场调查的目的确定具体的调查内容。如调查消费者行为时，可按消费者购买、使用、使用后评价三个方面列出调查的具体内容项目。确定的调查内容要全面、具体，并力求条理清晰、简练，避免面面俱到，内容过多，过于烦琐，避免把与调查目的无关的内容列入其中。

4. 调查表。调查表是市场调查的基本工具，调查表的设计质量直接影响到市场调查的质量。设计调查表要注意以下几点：

（1）调查表的设计要与调查主题密切相关，重点突出，避免可有可无的问题。

（2）调查表中的问题要容易让被调查者接受，避免出现被调查者不愿回答或令被调查者难堪的问题。

（3）调查表中的问题次序要条理清楚，顺理成章，符合逻辑顺序，一般容易回答的问题放在前面，较难回答的问题放在中间，敏感性问题放在最后；封闭式问题在前，开放式问题在后。

（4）调查表的内容要简明，尽量使用简单、直接、无偏见的词汇，保证被调查者能在较短的时间内完成调查表。

5. 调查的地区范围。调查的地区范围应与企业产品销售的范围相一致。当在某一城市做市场调查时，调查范围应为整个城市。但由于调查样本数量有限，调查范围不可能遍及城市的每一个地方，一般可根据城市的人口分布情况，主要考虑人口特征中收入、文化程度等因素，在城市中划定若干个小范围调查区域（划分原则是使各区域内的综合情况与城市的总体情况分布一致），将总样本按比例分配到各个区域，在各个区域内实施访问调查。这样可相对缩小调查范围，减少实地访问工作量，提高调查工作效率，减少费用。

6. 样本的抽取。调查样本要在调查对象中抽取；由于调查对象分布范围较广，应制定一个抽样方案，以保证抽取的样本能反映总体情况。

样本的抽取数量可根据市场调查的准确程度的要求确定。市场调查结果准确度要求愈高，抽取样本数量应愈多，但调查费用也愈高；一般可根据市场调查结果的用途等情况确定适宜的样本数量。实际市场调查中，在一个中等以上规模城市进行市场调查的样本数量，按调查项目的要求不同，可选择 200 ~ 1 000 个样本，样本的抽取可采用统计学中的抽样方法。具体抽样时，要注意对抽取样本的人口特征因素的控制，以保证抽取样本的人口特征分布与调查对象总体的人口特征分布相一致。

7. 资料的收集和整理方法。市场调查中，常用的资料收集方法有调查法、观察法和实验法。一般来说，前一种方法适宜于描述性研究，后两种方法适宜于探测性研究。企业做市场调查时，调查法采用较为普遍。

调查法又可分为面谈法、电话调查法、邮寄法、留置法等。这几种调查方法各有其优缺点，适用于不同的调查场合，企业可根据实际调研项目的要求来选择。

资料的整理方法一般可采用统计学中的方法，利用 Excel 工作表格，可以很方便地对调查表进行统计处理，获得大量的统计数据。

二、创业资源的构成

创业资源的获取与创业者的关系，就如同颜料和画笔艺术家的关系那样；获取不到从业者所需的资源，创业就难以展开创业。创业资源是指企业从创立起的成长过程中所需要的各种生产要素和资源条件。创业本身就是一种资源的重新整合。简单来说，创业资源就是创业者在创业初期所需要具备的一些特定资产，包括用有形资产和无形资产。

（一）创业机会的形成

1. 创业导向。创业导向是一种态度或意愿，这种态度或意愿会导致一系列创业行为。创业导向会通过对创业机会的识别和开发，进而促进对创业资源的获取。因此，创业者要注重创业导向的培养和实施，充分关注创业者特质、组织文化和组织激励等影响创业导向形成的重要因素，采取有效的方式获取资源，并在资源的动态获取和利用过程中，注意区分不同资源，充分发挥知识资源的促进作用。

2. 商业创意的价值。创业的关键在于商业创意。商业创意简单地说，就是可以实现商业价值的创意。商业创意为资源获取提供了杠杆，但获取资源还有赖于创意的价值被资源所有者认同的程度、创新理念和创意设计方法。换言之，一种能被资源所有者认同的、有价值的商业创意，才有助于降低创业者获取资源的难度。

3. 资源的配置方式。由于资源的异质性、效用的多维性和知识的分散性，人们对同样的资源往往具有不同的效用期望，有些期望难以依靠市场交换得到满足，因此，如果通过资源配置方式创新和组合能够开发出新的效用，使之能够更好地满足资源所有者的期望，创业者就有可能从资源所有者中获得资源使用权，以开展生产活动。

4. 创业者的管理能力。创业者的管理能力是企业软实力的主要表现，管理能力越强，获取资源的可能性越大。创业者的管理能力可以从其团队的组织构建、沟通能力、激励能力、行政管理能力、学习能力和协调能力等多方面予以衡量。创业者通过管理能力获取必要资源的同时，能为企业创造良好的发展环境。

（二）创业资源获取的影响因素

目前，从中央到地方，各级政府都陆续出台了一系列经济刺激方案，这对经济复苏、扩大就业、引导创业起到了积极的促进作用。大学生创业所面临的经济环境也将逐步得到改善。在此背景下，我们认为，还应该从以下几方面入手，进一步研究创业资源获取的影响因素。

1. 创新机会。在考虑创新机会时，风险投资家主要看技术发明，因此，启动期的创业企业要吸引风险投资，工作重点必定是技术研发。

首先，开发出的技术成果应积极申请专利，只有具有专利技术的产品才能使创业企业的产品通过知识产权的保护顺利进入市场，而不会被仿冒。

其次，开发出的产品要具有明显的市场竞争优势，这种优势使得竞争对手在短时期内难以跟随、模仿，这种市场技术优势将使创业企业在一定时期内获得高额的垄断性利润。

再次，开发所依靠的技术要具有可持续发展的能力，因为风险投资所要求的不仅仅是短期回报，还有创业企业美好的发展前景。

最后，创业企业的技术要具有市场可实现性。

2. 生存能力。在判断创新机会的基础上，风险投资家进一步要看的是企业的生存能力，因为一旦企业无法生存，风险投资就将付诸东流。对于高风险的启动期创业企业而言，生存能力将会是特别重要的因素，而处于启动期创业企业的风险主要有技术风险、财务风险和经营风险。

技术风险主要指技术能否按期成功与完善。这就要求创业企业应具有完善的技术开发规划，尤其要重视重大技术标准及功能的实现。风险投资家一般会从以下几方面来考察：技术队伍以往成功开发的背景，下一步细致、完善的技术开发规划，以及已经实现的技术开发步骤等。

财务风险与技术风险紧紧相连，因为风险投资的一般方式是根据企业技术开发的进展，分期分批地投入。倘若技术开发比较顺利，风险资金就会不断投入；而如果遇到某些挫折，一部分风险资金就会停止投入，从而引发负面的连锁反应。

因此，创业企业在选择风险投资时，应根据自己的技术风险特点而选择相应的风险投资公司。

经营风险主要取决于创业团队。启动期创业企业的创始人要具有足够的耐心与执着，这是创业人必须必备的基本素质，同时也是风险投资家们最看重的。

（三）创业资源获取的途径与技能

创业者能否成功地推动创业活动向前发展，通常取决于他们掌握和整合资源的能力，以及对资源的利用能力。许多创业者早期所能获取与利用的资源都相当匮乏，而优秀的创业者在创业过程中所体现出的卓越的创业技能之一，就是很好地拥有创业资源获取的途径和技能，并带来持续竞争的优势。

1. 创业资源获取的途径。创业资源获取的途径可以分为市场、非市场两类途径；也可以分为技术资源、人力资源、资金资源三类途径。

（1）通过市场途径获取资源。所谓市场途径，是指利用市场上同样或类似资产的近期交易价格，经过直接比较或称类比分析来估测资产价值的评估技术思路和实现该评估技术思路的各种评估技术方法的总称。通过市场途径获取资源的方式有两种：购买和联盟。

购买是指利用财务资源，通过市场购入的方式获取外部资源。主要包括购买厂房、设备等物质资源，购买专利和技术，聘请有经验的员工及通过外部融资获取资金等。需要注意的是，诸如知识、创意、社会网络等，很难通过市场直接购买，因此，需要创业者通过非市场途径去开发或积累。

联盟是指通过联合其他组织，对一些难以或无法自己开发的资源实行共同开发。这种方式不仅可以汲取显性知识资源，还可以汲取隐性知识资源。但联盟的前提是联盟双方的资源和能力互补且有共同的利益，而且能够对资源的价值及其使用达成共识。

（2）通过非市场途径获取资源。非市场途径是指利用非市场协商和评价，经过商务策划、创意设计、内部产品设计等方法，实现该设计和思路的各种评估技术方法的总称。通过非市场资源途径获取资源的方式主要有资源吸引和资源积累等方式。

资源吸引指的是发挥无形资源的杠杆作用，利用新创企业的商业计划，通过对创业前景的描述，利用创业团队的声誉来获得或吸引物质资源（厂房、设备）、技术资源（专利、技术）、资金和人力资源（有经验的老员工）。

资金积累指利用现有资源，在企业内部通过培育形成所需的资源，主要包括自建企业的厂房、设备，在企业内部开发新技术，通过培训来增加员工的技能和知识，通过企业自我积累获取资金的方式。

（3）通过技术途径获取资源。技术途径是指获取创业项目所依赖技术的途径方式。主要有：①吸引技术持有者加入创业团队；②购买他人的成熟技术，并进行技术市场寿命分析等；③购买他人的前景型技术，再通过后续的完善开发，使之达到商业化要求；④同时购买技术和技术持有者；⑤自己研发，但这种方式需要的时间长，耗资大，见效慢。

创业者可以随时关注各高校实验室、教师或者学生的研发成果，定期到国家专利局查阅各种申请专利，养成及时关注各高校实验室、教师或者学生的研发成果，定期到国家专利局查阅各种申请专利，及时关注科技信息，浏览各种科技报道，留意科技成果，从中发现具有巨大商机的技术的习惯。

（4）通过人力资源途径获取资源。人力资源途径不是指创业企业成立以后需要招募的员工，而是指创业者及其团队拥有的知识、技能、经验、人际关系、商务网络等。人力资源获取途径可分为内部获取和外部招聘两种。内部获取包括查阅人事档案资料，发布内部招募公告；外部招聘包括就业市场、招聘广告、校园招聘、网络招聘、猎头公司推荐。

大学生创业前，如果有可能，可以在在校期间做一些产品的校园或区域代理，不管是热水袋、拖鞋、牛奶、化妆品，还是手机卡、数码产品、婚纱店、美容店、家教中心等，都可以尝试。这个过程中既能赚些钱，增长关于市场的知识，还可以锻炼组织能力。也可以考虑进入一个企业工作，通过打工的经历学习行业知识，建立客户资源渠道，了解企业运作的经验，学习开拓市场的方法，认识不同行业、不同企业的盈利模式。

（5）通过外部资金资源途径获取资源。外部资金资源途径是指资金的外部获取方式。对于外部资金的获取，一般可通过以下五种途径获得：①依靠亲朋好友筹集资金，双方形成债权债务关系；②抵押、银行贷款或企业贷款；②争取政府某个计划的资金支持；④所有权融资，包括吸引新的拥有资金的创业同盟者加入创业团队，吸引现有企业以股东身份向新企业投资，参与创业活动，以及吸引企业孵化器或创业投资者的股权资金投入等；⑤利用一个详尽可行的创业计划，吸引一些大学生创业基金甚至风险投资基金的目光。

在获取外部资金资源之前，特别要记住一个企业家曾经说过的一段话："创业首先要用自己的钱干起来，你自己的钱不先投进去，凭什么让别人为你投钱?"因此，虽然获取外部资金资源是一个必需的过程，但不是唯一的过程。创业导向和前景才是一个创业者取得创业成功的核心和基础。

2. 创业资源获取的技能。为了及时、足额并以较低的成本获得创业所需要的资源，创业者需要掌握一定的创业资源获取技能，主要有以下几种。

（1）要充分重视人力资源的获取。人力资源在创业意愿中的决定性作用，要求创业者必须充分重视人力资源的获取。创业者一方面应努力增强自身能力的培育，另一方面应充分重视创业团队的建设。一支知己知彼、才华各异、能力互补、目标一致和彼此信任的团队，是创业资源中最为重要的资源，也是创业成功必不可少的保证。

（2）要以能用和够用为原则。不是所有的宝贝都是企业的资源，创业者在筹集资源时应坚持能用的原则，只有满足自己需求、自己可以支配并使其充分发挥作用的资源，才是需要筹集的资源。另外，资源的使用是有代价的，因此，在筹集创业资源时，应该本着够用就行的原则，而不是多多益善。一方面，资源的有限性使创业者难以筹集过多的资源；另一方面，当使用资源的收益不能弥补其成本时，资源的使用并不能给企业增加效益。

（3）尽可能筹集多用途资源和杠杆资源。资源自身的特性决定了其用途的不同，有的资源，可能在不同场合具有不同的用途。筹集具有多种用途的资源，可以帮助创业者应付创业过程中出现的意外。在知识经济社会，具有独特创造性的知识，是现在社会的高杠杆资源；而对于这类杠杆资源的合理利用，有助于创业者取得一定的杠杆收益，达到事半功倍的效果。

第二节　创业计划书撰写

作为创新创业教育体系的重要组成部分，大学生创业指导服务应着力把创业精神、创业知识、创业能力传递给每一个学生，加强大学生创业专业化、个性化指导服务，全力助推大学生成功创业。其中，指导学生写好创业计划书是重要的一环。

一、创业计划书是创业者计划创立业务的重要文本

创业计划书用以描述与拟创办企业相关的内外部环境条件和要素特点，为业务的发展提供指示图和衡量业务进展情况的标准。通常创业计划是市场营销、财务、生产、人力资源等职能计划的综合。

二、创业计划书的内容

一般来说，在创业计划书中应该包括：创业的种类，资金规划及基金来源，资金总额的分配比例，阶段目标，财务预估，行销策略，可能的风险的评估，创业的动机，股东名册，预定员工人数，等等。文本格式及主要内容如下。

（一）封面

封面的设计要有审美观和艺术性，一个好的封面会使阅读者产生最初的好感，形成良好的第一印象。

（二）计划摘要

计划摘要浓缩了创业计划书的精华。它涵盖了计划的要点，要求做到一目了然，以便读者能在最短的时间内对计划做出基本判断。

计划摘要一般包括以下内容：公司介绍，组织及管理者，主要产品和业务范围，市场概貌，营销策略，销售计划，生产管理计划，财务计划，资金需求状况，等等。

摘要要尽量简明生动。特别要说明自身企业的不同之处。

(三) 企业介绍

这部分的目的不是描述整个计划，也不是提供另外一个概要，而是对公司做出介绍，重点是公司理念和如何制定公司的战略目标。

(四) 行业分析

在行业分析中，应该正确评价所选行业的基本特点、竞争状况以及未来的发展趋势等内容。

关于行业分析的典型问题：

(1) 该行业发展程度如何？现在的发展动态如何？

(2) 创新和技术进步在该行业扮演着一个怎样的角色？

(3) 该行业的总销售额有多少？发展趋势怎样？

(4) 价格趋向如何？

(5) 经济发展对该行业的影响程度如何？政府是如何影响该行业的？

(6) 是什么因素决定着它的发展？

(7) 竞争的本质是什么？你将采取什么样的战略？

(8) 进入该行业的障碍是什么？你将如何克服？该行业典型的回报率有多少？

(五) 产品(或服务)介绍

产品介绍应包括以下内容：产品的概念、性能及特性，主要产品介绍，产品的市场竞争力，产品的研究和开发过程，发展新产品的计划和成本分析，产品的市场前景预测，产品的品牌和专利，等等。

在产品(服务)介绍部分，企业家要对产品(服务)做出详细的说明。说明要准确，也要通俗易懂，使不是专业人员的投资者也能明白。产品介绍一般都要附上产品原型、照片或其他介绍。

(六) 人员及组织结构

在企业的生产活动中，存在着人力资源管理、技术管理、财务管理、作业管理、产品管理等。而人力资源管理是其中很重要的一个环节。因为社会发展到今天，人已经成为最宝贵的资源，这是由人的主动性和创造性决定的。企业要管理好这种资源，更是要遵循科学的原则和方法。

在创业计划书中，必须要对主要管理人员加以说明，介绍他们所具有的能力，他们在本企业中的职务和责任，他们过去的详细经历及背景。此外，在这部分创业计划书中，还应对公司结构做一简要介绍，包括：公司的组织机构图，各部门的功能与责任，各部门的负责人及主要成员，公司的报酬体系，公司的股东名单，包括认股权、比例和特权，公司的董事会成员，各位董事的背景资料。

（七）市场预测

市场预测应包括以下内容：

1. 需求预测；
2. 市场现状综述；
3. 竞争厂商概览；
4. 目标顾客和目标市场；
5. 本企业产品的市场地位；等。

（八）营销策略

对市场错误的认识是企业经营失败的最主要原因之一。在创业计划书中，营销策略应包括以下内容：

1. 市场机构和营销渠道的选择；
2. 营销队伍和管理；
3. 促销计划和广告策略；
4. 价格决策。

（九）制造计划

（结合具体情况，不是所有创业计划都写此部分。）

创业计划书中的生产制造计划应包括以下内容：

1. 产品制造和技术设备现状；
2. 新产品投产计划；
3. 技术提升和设备更新的要求；
4. 质量控制和质量改进计划。

（十）财务规划

财务规划的重点是现金流量表、资产负债表以及损益表的制备。

现金流量表反映企业现金的来源和去向。流动资金是企业的生命线，因此，企业在初创或扩张时，对流动资金需要预先有周详的计划和进行过程中的严格控制。

损益表反映的是企业的盈利状况，它是企业运作一段时间后的经营结果。

资产负债表则反映在某一时刻的企业状况，投资者可以用资产负债表等财务报表中的数据得到的比率指标，来衡量企业的经营状况以及可能的投资回报率。

（十一）风险与风险管理

这一部分内容主要是揭示创业过程中的风险因素，包括：

1. 公司在市场、竞争和技术方面都有哪些基本风险；

2. 准备怎样应付这些风险；

3. 就你看来，你的公司还有一些什么样的附加机会；

4. 在你现有资本的基础上，如何进行扩展；

5. 在最好和最坏的情形下，你的五年计划表现会如何。如果你的估计不那么准确，应该估计出你的误差范围到底有多大。如果可能的话，要对你的关键性参数做最好和最坏的设定。

三、创业计划书的编写步骤

准备创业方案是一个展望项目的未来前景，细致探索其中的合理思路，确认实施项目所需的各种必要资源，再寻求所需支持的过程。

需要注意的是，并非任何创业方案都要完全包括上述大纲中的全部内容。创业内容不同，相互之间差异也就很大。

创业计划书的编写过程大致可分为以下六个阶段：

1. 第一阶段：经验学习；

2. 第二阶段：创业构思；

3. 第三阶段：市场调研；

4. 第四阶段：方案起草，形成创业方案全文。

写好全文，加上封面，将整个创业要点抽出来写成提要，然后要按下面的顺序将全套创业方案排列起来：

（1）市场机遇与谋略；

（2）经营管理；

（3）经营团队；

（4）财务预算；

（5）其他与受众有直接关系的信息和材料，如企业创始人、潜在投资人等，甚至要包括重要人员的配偶和/或其他家庭成员。

5. 第五阶段：最后修饰阶段。

首先，根据你的报告，把最主要的东西做成一个 1 ~ 2 页的摘要，放在前面。其次，检查一下，千万不要有错别字之类的错误，否则别人对你是否做事严谨会产生怀疑。最后，设计一个漂亮的封面，编写目录与页码，然后打印、装订成册。

6. 第六阶段：检查。

可以从以下几个方面加以检查：

（1）你的创业计划书是否显示出你具有管理公司的经验。

（2）你的创业计划书是否显示了你有能力偿还借款。

（3）你的创业计划书是否显示出你已进行过完整的市场分析。

（4）你的创业计划书是否容易被投资者所领会。

创业计划书应该备有索引和目录，以便投资者可以较容易地查阅各个章节。还应保证目录中的信息流是有逻辑的和有现实依据的。

（5）你的创业计划书中是否有计划摘要并放在了最前面。计划摘要相当于公司创业计划书的封面，投资者首先会看它。为了保持投资者的兴趣，计划摘要应写得引人入胜。

（6）你的创业计划书是否在文法上全部正确。

（7）你的创业计划书能否打消投资者对产品（服务）的疑虑。

第三节　创业团队建设

为了更好地指导大学生创业团队发展，促使其更健康的成长，需要深入剖析其成长特点，更有针对性地找到大学生在创业过程中所面临的各种问题，从而使之最终成为一支能够支撑得住的社会经济发展的重要力量。

一、大学生创业团队的特点

随着就业市场压力的增大和政府鼓励创业政策的出台，大学生创业团队的数量如雨后春笋般地涌现出来。大学生群体作为未来社会发展的主力军，响应政府号召，组建创业团队，自主创业，自谋出路，其成功与否，不仅关系到其自身的发展，更关系到社会当前及长远的稳定。

客观来看，大学生创业团队具有下面这些特点。

（一）兴趣、目标的一致化

不同于社会上单个的或者合伙人式的创业人，大学生创业团队的组建不是单纯地为了获得更多的经济利益，其成员更多的是因为有共同的兴趣和爱好而走到一起。大学生创业团队的内部人员基本上是相互熟悉的本专业同学，或者是关系较好的朋友。同时，促成大学生创业团队组建和发展的一个重要因素，还应该包括他们想获得更多与社会接触的机会，以便在进入社会前积累更多的社会经验和就业资本。由此可见，在对大学生创业团队进行指导时，还应该考虑到其心理因素，不能单纯地将其简单地等同于社会上的创业组织加以考虑。是共同的兴趣、目标的一致将其黏合在一起的，同时，这也是激发他们共同向前的一种内在动力。

（二）专业结构的异质化

兴趣和目标的一致是大学生创业团队组建的黏合剂，知识和专业则是黏合剂的主配料，是创业团队走向成功的开山利刃。大学是专业分工最明显的地方，专业的多元化最为突出。可以说，大学容纳和发展了社会专业分工的需求，各专业的人才为大学生创业团队的组建提供了得天独厚的人力资源。受这种环境的影响，大学生创业团队内部人员的专业结构也丰富多彩，体现出专业结构异质化的特点。这种特点可以说是把双刃剑，如果能科学调配，各尽所能，使其专业分工得以合理化，对创业团队是一种正向支持；反之，则会成为阻碍创业团队发展不可逾越的门槛。很多团队，其成员因兴趣和爱好走到一起，却最终因专业观点相异产生分歧，最终不欢而散，致使创业搁浅，不仅浪费了资源，而且伤害了同学之间的感情。

（三）年龄结构的年轻化、单层化

管理学上认为，老、中、青三结合的梯次人员数目组成是较为科学的组织成员构成。大学生创业团队由于是在校大学生基于共同的兴趣和爱好走到一起的，创业之初，人员的组成的年龄结构呈现出清一色的青年面孔。创业队伍的年轻化，有利于创业团队对市场新鲜事物的接纳和吸收，有利于创新思维的产生。但大学生缺乏必要的社会经验，缺乏辨别市场信息真伪的经验和能力，对此，也应当予以正视。当然，这并不是问题的根本所在，但如果忽视经验的重要性，一味冒进，大学生创业团队因这一弱点泛生出来的弊病，就可能成为阻碍其发展壮大的障碍。

二、当前大学生创业团队建设与管理的现状

分析当前大学生创业团队建设与管理的现状，不难发现还有不少问题，尤其是以下几点。

（一）信息整合不完整

创业过程中需要不断从市场获得新的、充分的信息资源。信息的整合是一个包括信息搜集、信息加工、信息吸收和信息反馈的一整套过程。市场参与者首先要对市场信息有灵敏的嗅觉，尽可能多地搜集与自己相关的有用信息。信息的搜集是信息整合的开始，由于市场信息瞬息万变，来源渠道杂乱，对信息的搜集不仅要及时、迅速，还要准确、可靠，这就需要对前期搜集到的信息进行再加工，以便能提炼出精确、无误的信息做好提前预测，并及时对创业过程中遇到的各种问题做出相应的调整。市场信息的不对称，往往导致市场调节的滞后和盲目。大学生创业团队的组织成员基本是以在校大学生为主，由于其所处环境的半封闭性，以及受其自身经验不足所限，对市场信息的把握和反应速度也就相对迟缓，对信息的加工和提炼也相对粗糙。

（二）资金管理不周全

创业资金是引动创业项目起步的原动力。没有资金或资金不足，大学生创业就无从谈起。大学生创业团队最困窘的问题之一，就是资金来源的稳定性和持续性不能得以保证。大学生创业团队的组成者以在校大学生为主，经济来源不稳定，依靠亲友支持和自己勤工俭学所得，资金相当有限。近年来，国家在鼓励大学生创业、自谋出路的同时，考虑到了其可能面临的资金方面的障碍，在资金和政策上均提供了一些支持。这部分资金对于小本创业尤其是小打小闹的创业者个人来说还是相当可观的；但对于立足长远的创业团队的创业项目来说，可谓杯水车薪。虽说有可能获得天使投资等外来资金的支持，但如何吸收和引进这种持续、稳定的资金，则是其应该首先要解决的一个难题。况且，创业团队所面临的还是一个循环流转的创业过程，资金既要支持流动，又要支持

抵御风险，流动资金和储备资金是两个概念，没有雄厚稳定和持续不断的资金支持，是不可能盘活整个创业过程的。

（三）管理方式不科学

科学化管理是保证创业团队正常运营的保证。大学生创业团队的成员之间多是相识的同学，维持其人际间纽带的则是同学之间共同的兴趣和爱好。创业的前期，其团队就是靠着这种关系组建起来的，但是，随着创业过程的深入和创业组织的壮大，仅仅依靠同学之间的默契和约定俗成的校园人际交往是远远不够的，没有科学化的组织和管理模式，就难以在创业的过程中整合各种力量，也就难以形成合力。这就是导致大学生创业团队后续过程难以为继的关键性因素。

三、提升大学生创业团队建设的对策

从人力资源管理的角度来看，建立优势互补的创业团队是保持创业团队稳定的关键。在创建一个团队时，不仅要考虑团队成员之间的关系，更为重要的是考虑成员之间的能力或技术上的互补性。在团队已经组建以后，无论是有核心主导的创业团队还是群体性的创业团队，要保持项目团队的稳定性和创造力，需要注意以下几个方面。

（一）成员要有共同的目标愿景，保证团队成员间通畅的沟通渠道

团队成员必须认同团队将要努力的目标和方向，同时还要有自己的行动纲领和行为准则。其实这就涉及团队文化的建设问题。良好的沟通渠道不仅反映了创业团队成员的沟通能力和协调能力，更体现了完善的企业制度和健康的企业文化。创业团队成员的理念、能力、经验等是影响企业成败的关键因素。创业过程充满风险和艰辛，创业团队成员必须具有共同的愿景和理想，这样他们在碰到困难时，才能够同心协力，共渡难关。

（二）建立学习型组织，保持团队的创造力和学习力

所谓学习型组织，是指通过培养弥漫于整个组织的学习气氛，充分发挥员工的创造性思维而建立起来的一种有机的、高度柔性的、扁平的、符合人性的、能持续发展的组织。这种组织具有持续学习的能力，具有高于个人绩效总和的综合绩效。企业形成一定的规模后，若要继续发展，必定会扩大团队队伍，有可能会出现原有团队成员退出和新成员

加入的情况，这时，保持原有创业团队的学习力和创造力是非常重要的。构建学习型创业团队，可以增加企业的压力与动力，可以促进分工与协作，可以很好地保持创业团队的创造力和学习力。

（三）以法律文本的形式确定一个清晰的利润分配方案

利润分配方案尤其是股利、期权等的分配方案，应该把最基本的责任、权利界定清楚。此外，这些方案还应包括增资、扩资、融资、撤资、人事安排、解散等与团队成员利益紧密相关的事宜。

关于利润如何分配的问题，目前还没有任何有效的公式可以套用，也没有简单而行之有效的答案。不过，创业企业可以从下述几个方面入手：

一是体现差异化。一般情况下，不同的团队成员对企业做出的贡献总是不同的，因此，合理的报酬制度应该反映出这种差异。

二是注重业绩。有许多企业，其团队成员在企业成立期内所做的贡献程度变化很大，但报酬却没有多大的变化，这种不合理的报酬制度将严重影响企业的团结与稳定。

三是充分考虑灵活性。各团队成员在某个既定时间段的贡献也有大小之分，而且会随着时间的流逝而发生变化，其业绩也可能同预期效果有很大出入；另外，团队成员很可能会由于种种原因而必须被替换，在此情况下，就需要再另外招聘新成员加入到现有团队中来。灵活的报酬制度包括股票托管，提取一定份额的股票以便日后调整等，这些机制有助于让团队成员产生公平感。

（四）规范在校大学生创业管理制度

1. 制定严格的创业团队管理章程。没有规矩不成方圆，作为在校大学生创业团队，要进行有效的管理，首先要有一套目标明确、定位科学、发展思路清晰的团队管理章程。章程要包含团队的创业目的、经营范围和方向、团队资金组成、团队部门设置以及团队成员分工、成员权利与义务以及人事制度等各个方面。只有制定一套规范科学的团队管理章程，创业团队后面的工作才能顺利开展，各种关系才能理得清楚。

2. 要建立赏罚分明的内部奖惩制度。作为一个创业团队，不能有任何凌驾于团队之上的个人；无论是团队的发起人还是团队的关键成员，都要遵守团队的规章制度，一旦有违规现象，就要在团队会议上给予批评，并给予创业奖金扣减的处罚。例如，规定团队管理人员发现团队成员违规使用不能报销或无效的发票，则给予财务人员 10% 的票面奖励，这个 10% 的票面罚金则来自违规成员的奖金扣除或从月工资中扣除，这样大家都会自觉地遵守团队的管理制度。

3. 建立顺畅的团队沟通和交流制度。团队管理过程中，很多问题的产生来源于不顺畅的沟通和交流。这就要求上自团队领导者，下自团队普通成员，都要在遇到问题和矛盾时及时沟通和交流，指出彼此做的不妥的地方。可行的沟通和团队交流的方式有很多，关键是要常规化、制度化。如规定每星期开一次会，会议的方式可以是网上 QQ 群交流，也可以是面对面的会议，可以根据大家的学习和工作时间安排来定，灵活安排。

第四节　创业资金筹措

也许你有一项高科技的成果，正想创业办企业，将其转化为经济效益；也许你有一个高利润的项目，打算兴办工厂，借机开创自己的事业；也许正看好某一行业，而你又有着丰富的从业经验，很想自己单干；也许你是什么都不具备的应届毕业生，只是想开个小店自己养活自己。但是，你都面临一个问题，那就是：创业资金哪里来？显然，筹措资金是企业资金运动的起点，是任何创业者都必须具备的重要资本。

一、创业资金筹措的基本概念

资金筹措是指企业通过各种渠道和采用不同方式，及时、适量地筹集生产经营和投资必需资金的行为。

资金筹措可以分为两大类，即内部资金筹措与外部资金筹措。内部资金筹措就是动用公司积累的财力，具体来说，就是把股份公司的公积金（留存收益）作为筹措资金的来源；外部资金筹措就是向公司外的经济主体（包括公司现有股东和公司职员及雇员）筹措资金。

二、外部资金筹措方式

外部资金筹措的渠道主要有三种：

第一种是向金融机构筹措资金。例如从银行借贷，从信托投资公司、保险公司等处获得资金等。

第二种是向非金融机构筹措资金。例如，通过商业信用方式获得往来工商企业的短期资金来源，向设备租赁公司租赁相关生产设备获得中长期资金来源，等等。

第三种则是在金融市场上发行有价证券，包括股票和债券。股份公司利用公开市场机制，发行有价证券筹集资金，是一种在经济上与战略上有双重意义的选择。

三、创业所需资金的测算

合理地筹集创业所需资金，是对创业者最为基本的素质要求，也是其创业的前提。筹集不到足额资金，会使企业出现资金断流，甚至被迫清算；筹集的资金过多，又会导致资金的闲置，产生机会成本，导致企业经营效率低下。所以，创业者一定要能够对创业企业所需资金进行科学的估算。

（一）测算投资资金

投资资金包括新创企业开业之前的固定资金投入、流动资金投入和开办费用。固定资金是指用来购置机器、厂房、设备等固定资产的资金；流动资金是指用来购买原材料、燃料、辅助材料、支付工资和管理费用的资金；开办费用则是指企业从批准筹建之日起，到开始生产、经营之日止的期间发生的费用支出，包括筹建期人员工资、办公费、培训费、差旅费、印刷费、注册登记费以及汇兑损益和利息支出。

例如，黄亮和李燕毕业回乡后，看准了西北大开发中旅游事业飞速发展的势头，准备开创自己的事业。由于做小型朱砂工艺品的作坊用料少，冷塑工艺简单，工具设备不多，不用烧窑，占地少，所以夫妻俩决定作坊就建在自家院子里。所需花费项目如下：建筑物购置 8 000 元（平整土地 1 000 元，搭建工棚 7 000 元），桌椅及办公设备 2 000 元（办公家具 1 000 元，办公设备 1 000 元），生产工具 1 000 元，生产设备 7 000 元，原材料及包装 17 400 元，三人工资每月 6 000 元，促销费 1 500 元，保险费 2 400 元，设备维护费 900 元，电费每月 200 元，共三个月。请你测算一下：黄亮和李燕的投资资金应不少于多少？

在估算投资资金时，大部分创业者均能想到购置厂房设备及原材料等的支出，想到员工的工资支出，但常常会忽略诸如机器设备安装费用、厂房装饰装修费用、创业者的工资支出以及业务开拓费、广告费等开业前可能发生的其他大额支出。因此，采用表格的形式，将投资资金的项目一一列举，是合理估算创业资金的有效方法。表 5 –1 就是估算投资资金常用的表格（以上述黄亮和李燕的创业项目为例）。

表 5 –1　资金估算表　　单位：元

行次	项目	数量	金额	行次	项目	数量	金额
（一）	固定资金		18 000	（三）	开办费用		6 900
1	建筑物购置		8 000	15	注册及执照费		500
2	生产设备		7 000	16	策划费用		—
3	生产工具		1 000	17	调查咨询费用		2 800
4	办公家具		1 000	18	培训费用	3	3 000
5	办公设备		1 000	19	其他费用	3	660
（二）	流动资金		42 000	20	……		
6	房租租金		—				
7	存货购置		17 400				
8	管理费用		—				
9	人力费用	3	18 000				
10	销售费用						
11	业务开拓费		1 500				
12	设备维护费		900				
13	保险费		2 400				
14	水电费	3	600				

表 5 –1 中，第 1 ~5 项投资资金的支出属于固定资金支出，一般在计算创业资金时，作为一次性资金需求予以考虑。其中，建筑物的支出，包括了厂房的装修费用；企业如拟在租来的房屋中办公、生产，则应将相应的支出填写在第 6 项即房屋租金中；生产设备的支出，包括机器设备的购置和安装费用；生产工具则是指单件超过 800 元，使用周期超过一年的工具。

表5－1中第6～14项投资，就属于流动资金支出。在计算创业资金时，需要考虑其持续性投入问题，一般应估算3个月左右的资金总量。创业者在估算投入资金时，一定不要忽略了自身的工资以及业务开拓费、设备维护费等项目。

表5－1中第15～20项是新创企业的开办费用。不同行业所需要的开办费用不同，如高科技行业筹建期间员工的工资和人员的培训费可能较高，有较高进入门槛的行业筹建期可能较长等。总之，开办费用的开支是企业无法避免的一项投资支出。不同行业所需要的开办费用不同，创业者应该通过市场调查，将本行业所需的资金支出项目予以补充，填写在第19乃至第20及以下相应的栏目中。

需要说明的是，创业者在投资估算资金时，一方面要尽可能考虑所需要的各种支出，避免漏掉一些必需的项目，以充分估算资金需求；另一方面，由于创业资金筹集较难，创业初期对资金的需求又有迫切性，创业者应想方设法节省开支，减少投资资金的花费，比如，采用租赁厂房、采购二手设备等方法节约资金。

（二）测算营运资金

营运资金主要是流动资金，是新创业企业开始经营以后每年的资金投入。营运资金的估算，需要根据企业未来的销售投入、成本和利润情况来确定，通过财务预测的方式进行。

上例中，黄亮和李艳的小型朱砂泥工艺品的作坊开业后，以每件工艺品为单位，估计各项费用如下：原材料及包装290元，人工费300元，市场拓展及销售人员工资30元，设备维护费15元，水电费10元，办公费用及管理人员工资25元，保险费40元，利息等10元；销售利润率7.8%；每件工艺品估计销售价格为1 000元，每个月可以生产15～25件。朱砂泥边料可以制作日用茶壶，每件销售价格为20元，每个月可以生产80～120件；人工费每件10元；边料成本忽略不计。企业3年免交营业税和增值税，所得税率为5%。销售资金回笼60%；销售库存保持在20%；原材料及包装一次性支付，其库存率20%；固定资产折旧，每月每件工艺品计提15元；自有资金用于购置固定资产和开办费用；流动资金全部由银行贷款解决。

1. 测算新创企业的营业收入。营业收入是指企业在从事销售商品、提供劳务和转让资产使用权等日常经营业务过程中所形成的经济利益的总流入。对新创企业营业收入的测算，是预定财务计划与编制财务预算的基础，也是估算营业资金的第一步。在进行营业收入测算时，创业者应立足于对市场的研究和对行业营业状况的分析，根据其试销经验和市场调查资料，同时吸收推销人员意见，几方面综合起来完成测算。

2. 测算预计利润表。利润表是用来反映企业在某一会计期间的经营成果的财务报表，见表5－2。该表是根据“收入－费用＝利润”的会计等式，按营业利润、利润总额、净利润的顺序编制成的，是一个时期的动态的报表。创业者在测算利润表时，应根据预计的业务量对营业成本进行测算；根据市场调查阶段确定的业务规模和企业战略，对新创企业经营过程中可能发生的管理费用进行测算；根据行业的税费标准，对可能发生的营业税费进行测算；同时计算新创企业每个会计期间的预期利润。

表5－2　预计利润表　　单位：元

项目＼月度	1	2	3	4	5	……	12	合计
一、营业收入	15 000	20 000	25 000					
减：营业成本	9 525	12 700	15 675					
营业税金及附加	0	0	0					
销售费用	750	1 000	1 250					
管理费用	750	1 000	1 250					
财务费用	750	1 000	1 250					
二、营业利润（损失以“－”号填列）	3 225	4 300	5 575					
加：营业外收入	1 600	2 000	2 400					
减：营业外支出	800	1 000	1 200					
三、利润总额（损失以“－”号填列）	4 025	5 300	6 775					
减：所得税费用	201	265	339					
四、净利润（损失以“－”号填列）	3 824	5 035	6 436					

注：表中数据是本节所述案例为例填写的。

由于新创企业尚在起步阶段，业务量不稳定，营业收入和成本之间一般不成比例变化。对于新创企业初期营业收入、营业成本和各项费用的估算，应按月进行，并按期预估企业的利润状况。一般来说，在企业实现收支平衡之前，企业的利润表均应按月编制；达到收支平衡之后，可以按季、按半年或者按年度来编制。

本章练习

思考题

1. 对你所熟悉的创业者试做对比，你觉得是团队创业还是个体创业的成功率更高？
2. 对你周围自己熟悉的同学模拟构建一个创业团队。
3. 针对你所了解的一些创业失败的案例，用本章学到的知识分析他们失败的主要原因，分析其中是否存在致命缺陷，并提出改进措施。
4. 请归纳成功的创业团队都有哪些共性。
5. 如果你要组建一个创业团队，你会选择什么样的人作为你的队友？

综合训练

黄金创业团队——腾讯公司案例

腾讯的马化腾创业五兄弟堪称难得，其理性堪称标本。

十多年前的那个秋天，马化腾与他的同学张志东“合资”注册了深圳腾讯计算机系统有限公司；之后，又吸纳了三位股东李青、许晨晔、陈一丹。这五个创始人的 QQ 号，据说是从 10001 到 10005。为避免彼此争夺权力，马化腾在创立腾讯之初就和四个伙伴约定清楚各展所长、各管一摊。马化腾是 CEO（首席执行官），张志东是 CTO（首席技术官），曾李青是 COO（首席运营官），许晨晔是 CIO（首席信息官），陈一丹是首席 CAO（首席行政官）。之所以将创业五兄弟称之为“难得”，是因为直到2005年，这五人的创始团队还基本保持这样的合作阵型，不离不弃。直到腾讯做到如今的帝国局面，其中四个人还在公司一线，只有COO曾李青挂着终身顾问的虚职而退休。

都说一山不容二虎，尤其是在企业迅速壮大的过程中，要保持创始人团队的稳定合作，尤其不容易。在这个背后，工程师出身的马化腾一开始对于合作框架的理性设计功不可没。从股份构成上看，五个人一共凑了50万元，其中马化腾出了23.75万元，占了47.5%的股份；张志东出了10万元，占20%；曾李青出了6.25万元，占12.5%的股份；其他两人各出五万元，各占10%的股份。虽然主要资金都由马所出，他却自愿把所占的股份降到一半以下——47.5%，“要他们的总和比我多一点点，不要形成一种垄断、独裁的局面”。而同时，他自己又一定要出主要资金，占大股，“如果没有一个主心骨，股份大家平分，到时候也肯定会出问题，同样完蛋”。保持稳定的另一个关键因素，就在于搭档之间的合理组合。

据《中国互联网史》作者林君回忆：“马化腾非常聪明，但非常固执，注重用户体验，愿意从普通的用户角度去看产品。张志东是脑袋非常活跃，对技术很沉迷的一个人。马化腾技术上也非常好，但是他的长处是能够把很多事情简单化，而张志东更多是把一个事情做得完美化。”许晨晔和马化腾、张志东同为深圳大学计算机系的同学，它是一个非常随和又有自己的观点，但不轻易表达的人，是有名的“好好先生”；而陈一丹是马化腾在深圳读中学时的同学，后来也就读于深圳大学，他十分严谨，同时又是一个十分张扬的人，能在不同的状态下激起大家的激情。

如果说其他几位合作者都只是“搭档级人物”的话，那么曾李青则是腾讯五个创始人中最好玩、最开放、最具激情和感召力的一个；与温和的马化腾、爱好技术的张志东相比，是另一个类型。其大开大合的性格，也比马化腾更具备攻击性，更像拿主意的人。不过或许正是这一点，也导致他最早脱离了团队，单独创业。后来马化腾在接受多家媒体的联合采访时承认，他最开始也考虑过和张志东、曾李青三个人均分股份的方法，但最后还是采取了五人创业团队，根据分工占据不同的股份结构。当然，经过几次稀释，最后他们上市所持有的股份比例只有当初的1/3，但即便是这样，他们每个人的身价都还是达到了数十亿元人民币，是一个皆大欢喜的结局。

结合案例，请问你看到的是一支怎样的创业团队？如果你即将创业，你打算怎样打造一个卓越的企业团队？

要点提示

1. 能够像马化腾这样，既包容又拉拢，选择性格不同、各有特长的人组成一个创业团队，并在成功开拓局面后还能依旧保持着长期默契合作，是很少见的。
2. 马化腾成功之处，就在于其一开始就很好地设计了创业团队的责、权、利，能力越大，责任越大；权利（权力）越大，收益也就越大。

第六章　大学生创业企业的注册登记和财税制度

知识目标

了解创业企业的法律形式，熟悉企业开办过程中常见的问题及风险的防范，理解基本的税收政策，了解企业经营过程中基本的记账基础知识、账簿凭证管理、发票管理及法律责任。

能力目标

能够独立注册登记创业企业，具备基础的财税管理能力。

第一节　创业企业法律形式分类及选择

若以企业法律地位为划分标准，可将企业分为法人企业和非法人企业。依法取得法人资格的企业为法人企业，如公司等，均以其财产独立承担民事责任。非法人企业，如个人独资企业、合伙企业等，均需要承担无限民事责任。

一、个人独资企业

所谓个人独资企业，即为个人出资经营，归个人所有和控制，由个人承担经营风险和享有全部经营收益的企业。以独资经营方式经营的独资企业有无限的经济责任，破产时借方可以扣留业主的个人财产。个人独资企业具有以下两个特点：

第一，个人独资企业的投资主体是单一的，而且必须为自然人；

第二，投资人要以个人财产对企业债务承担无限责任。

二、合伙企业

合伙企业是指自然人、法人和其他组织依照《中华人民共和国合伙企业法》的规定，在中国境内设立的普通合伙企业和有限合伙企业。在中国，合伙企业共有普通合伙企业和有限合伙企业两类。

普通合伙企业是指由普通合伙人组成，合伙人对合伙企业债务承担无限连带责任的合伙企业。

有限合伙企业是指由普通合伙人和有限合伙人组成，普通合伙人对合伙企业债务承担无限连带责任，有限合伙人以其认缴的出资额为限对合伙企业债务承担责任的合伙企业。

三、公司

在我国，公司是指依照《中华人民共和国公司法》（以下简称《公司法》）建立的企业，分为有限责任公司和股份有限公司两类。公司有自己的名称、组织机构和场所、独立的财产，能以自己的名义进行经营活动和诉讼活动。公司从事经营活动的目的在于获取利润，并将其分配给公司的投资人。这种经营活动还具有连续性和固定性。

公司具有独立的法人财产，公司的债务清偿要由公司以其自身的全部财产来承担，而作为公司投资人的股东却仅以对公司的出资额为限承担公司债务，也即股东只承担有限责任。这种企业形式能有效地筹措资金，并且能有效地分散经营风险。

按照财产的组织形式和所承担的法律责任不同，企业的法律形式有三种选择：个人独资企业，合伙企业，公司制企业。前两种属于自然人企业，出资者承担无限责任；后者属于法人企业，出资者承担有限责任。

由于公司以外的组织形式需要以个人财产对企业债务承担连带责任，而创业者的风险承担能力并不高，因此，在创业初期，我们建议采用有限责任公司形式，以降低创业风险。

但必须要强调的是，大多数投资者在创业过程中都习惯性地将企业财产理解为私人财产，因此认为企业的钱和财产也是自己的。但是在现代公司制度中，这种意识是危险的，因为公司是独立于投资人的“法人”。

第二节　企业设立过程中常见的法律风险及防范

企业设立是指发起人为了成立企业而实施的一系列行为。企业成立的标志为工商部门颁发营业执照（我国从 2016 年 10 月 1 日起正式实行工商营业执照、组织机构代码证、税务登记证、社会保险登记证和统计登记证“五照合一、一照一码”登记制度）。营业执照颁发，企业成立，企业设立即结束。

实践中，大部分发起人只重视企业设立的结果，不重视设立过程中存在的法律风险，从而导致出现大量的纠纷。因此，为了减少上述纠纷的出现，我们将企业设立过程中可能出现的风险做出如下提示，供大学生在初创企业时参考。

一、企业法律形式选择的法律风险

现代社会中，经营组织形态大体可分为公司、合伙企业、个人独资企业等。因各种经营组织形态依据的法律不同，投资者应当结合企业经营特点、目的及法律的不同要求，进行不同形态的选择。选择组织形态时，应重点考虑以下方面。

（一）投资者的责任

根据《公司法》第三条的规定：“公司是企业法人，有独立的法人财产，享有法人财产权。公司以其全部财产对公司的债务承担责任。有限责任公司的股东以其认缴的出资额为限对公司承担责任；股份有限公司的股东以其认购的股份为限对公司承担责任。”有限责任公司和股份有限公司的股东仅承担有限责任，当公司资不抵债时不需要股东用个人财产进行抵偿，但公司注册资金未到位或存在《公司法》规定需由股东承担责任的情形除外。

根据《合伙企业法》的相关规定，除有限合伙人承担有限责任外，普通合伙、特殊的普通合伙及有限合伙中的普通合伙人均承担无限连带责任。

根据《个人独资企业法》第二条的规定：“本法所称个人独资企业，是指依照本法在中国境内设立，由一个自然人投资，财产为投资人个人所有，投资人以其个人财产对企业债务承担无限责任的经营实体。”个人独资企业承担无限连带责任。

因此，投资者应当首先根据责任不同进行组织形态的选择。

（二）设立的条件、程序和费用

合伙企业、个人独资企业的设立条件较为宽松，设立程序较为简单，费用低廉，非现金出资可以不需评估机构进行评估作价；而公司设立门槛较高，尤其是设立股份有限公司，需要严格的设立条件、复杂的设立程序和较高的设立费用。

（三）企业的税赋问题

合伙企业、个人独资企业的投资人不必缴纳企业所得税，只是由企业主和合伙人从企业盈余分配所得缴纳个人所得税；而公司的投资人除缴纳个人所得税外，还应缴纳企业所得税。

（四）期限不同

合伙企业、个人独资企业受投资者生死去留的影响；公司不受其影响，可永续存在。

（五）投资者的控制权不同

公司财产属公司所有，投资者不能直接占有和控制。尤其是股份有限公司中的上市公司，上市公司和控股股东的人员、资产、财务必须严格分开，严格控制股东占用上市公司的资金和财产。

二、注册资本实缴制与注册资本认缴制的法律风险

2014年3月1日新修订的《公司法》将公司注册资本由公司注册实缴制改为公司注册资本认缴制；即新《公司法》实施后，公司股东可以自主约定认缴出资金额、出资方式以及出资期限等，并记载到公司章程中。以下解读公司注册资本认缴制与公司注册实缴制的区别。

（一）公司注册资本实缴制

公司注册资本实缴制是营业执照注册资金有多少，该公司的银行验资账户上就得有相应金额的资金。实缴制需要占用公司的资金，一定程度上增加了企业运营成本。

例如，以前注册一个注册资本100万元的公司，需要到银行开一个账户，然后把100万存在这个账户上（相当于银行卡），银行出具验资报告后，再拿这个验资报告到工商局办理注册登记。

（二）公司注册资本认缴制

在公司注册资本认缴制下，工商部门只登记公司认缴的注册资本总额，不需要登记实收资本，不再收取验资证明文件。认缴登记不需要占用公司资金，可以有效提高资本运营效率，降低企业运营成本。

例如，现在在上海注册一个注册资本100万元的公司，不需要先到银行开户，也不需要将这100万元马上存到银行，直接到工商局办理就行了；不过，这100万元还是要缴的，只是不用马上就缴，而是在公司章程中记载，例如分2年、5年或者10年缴清（类似于分期付款）。

虽然修订后的《公司法》取消了首次出资及实际缴纳出资的期限，但这并非意味着股东（发起人）只要不实际缴纳出资，便无须承担任何责任。需要特别注意的是，根据《公司法》第三条的规定：有限责任公司的股东以其认缴的出资额为限对公司承担责任，股份有限公司的股东以其认购的股份为限对公司承担责任。因此，有限公司的股东需要按照其认缴的出资额，股份公司的股东需要按照其认购的股份承担有限责任。即：公司注册资本的大小依然决定了这家公司的资金实力和可以对外承担民事责任的能力。公司注册资本越大，股东（发起人）在其认缴、认购注册资本范围内承担的责任也越大。需要强调的是，实行注册资本认缴登记制并没有改变公司股东（发起人）以其认缴的出资额

承担责任的规定，也没有改变承担责任的形式。

股东（发起人）要按照自主约定并记载于公司章程的认缴出资额、约定的出资方式和出资期限向公司缴付出资；股东（发起人）未按约定实际缴付出资的，要根据法律和公司章程承担民事责任。如果股东（发起人）没有按约定缴付出资，已按时缴足出资的股东（发起人）或者公司本身都可以追究该股东的责任。如果公司发生债务纠纷或依法解散清算，没有缴足出资的股东（发起人）应先缴足出资。因此，这就要求公司的股东（发起人）在认缴出资时，要充分考虑到自身所具有的投资能力，理性地做出认缴承诺，并践诺守信。

三、其他常见问题及风险提示

（一）是否需要签订合伙协议、公司章程等基础架构的制度性文件来明确投资者之间的权利义务？

由于初始创业者大多是关系密切的亲戚、同学或朋友，这就使得他们往往羞于谈及权利（权力）、利益、责任分配问题，而且在准备创业时更注重如何在外部开拓业务，而不重视内部建构。

但是，在创业初期的激情过后，公司发展壮大后或遭受挫折时，就很有可能会在上述问题上产生纷争。如果不能妥善处理这些纷争，就会导致创业中途失败。为了能够有效地规避这类问题的发生，在创业伊始，通过合伙协议或公司章程等制度性文件来明确各个创业者之间的权利义务划分，就尤为必要。这些制度性文件能够有效地避免和解决以后利益分配不公、债务承担不平的问题。在文件中，创业者可以就各自占创业事项多少利益比例，各自承担的债务比例，各自的工作内容，如何引入新的创业伙伴和退出机制等问题，都一一做出明确约定。这样，一旦发生法律纠纷，这些制度性文件即是保护所有人合法权益的有力武器。

（二）签订合伙协议要注意哪些方面？

《合伙企业法》第十八条概括地规定了合伙协议必须要载明的十项内容。而要使合伙协议更有针对性，有可操作性，还需要注意以下三个方面：

1. 合伙投资撤资及职责的相关规定：

（1）出资细节约定每个人出资多少，如何分红。

（2）议事规则约定重大问题如何进行讨论。

（3）职责细节约定如何执行，每个人负责的内容。

（4）退出机制约定在何种情况下合伙人可以退出，退出的时候如何计算资本。

2. 意见分歧的解决方式：

（1）经营方向错误后的调整方案，可以约定是改变经营方向还是改变执行策略。

（2）观点分歧的解决方案，可以约定是直接投票解决，还是先找专家进行咨询论证后再解决。

3. 经营项目计划利益分配和责任承担：

（1）合伙企业主要经营哪些项目。

（2）经营项目该如何分阶段推进。

（3）经营项目收益该如何分配，失败该如何承担责任。

（4）什么情况下该终止某经营项目。

（三）起草有限公司章程要注意哪些方面？

很多创业者在创立有限公司时视公司章程为无物，认为其只是工商局备案的一手续而已，但在法律上，公司章程是有限公司治理的“宪法性文件”，对其不重视，将可能带来诸多后续的麻烦。起草公司章程需要注意以下方面：

1. 分红权、优先认购权及表决权。《公司法》允许有限责任公司的章程可以对公司的分红权、优先认购权及表决权做出特别规定。因此，公司章程中可以约定公司分红权、优先认购权及表决权按实缴出资比例分享，以保证公司运作的效率。

2. 股东会的召集次数和通知时间。有限责任公司股东定期会议召集的次数属于公司章程必须规定的事项。一般情况下，股东人数少，且居住集中的，可以适当规定较多的会议次数；股东人数多且居住分散，董事会成员多由主要股东出任的情况，可以适当减少会议次数。但股东会作为决定公司重大事项的权力机构，定期会议多者不宜超出二个月一次，少者亦不应低于半年一次，建议每季度一次为宜。

《公司法》规定会议召开 15 日前通知全体股东的一般性规定，时间上较漫长，运作起来也显僵化，公司章程很有必要对此进行调整。定期会议一般于会议召开前 10 天通知为宜；临时会议一般是在非正常情况下的特殊安排，应规定为会议召开前较短的时间通知，可考虑 3 至 5 天为宜。

3. 股东会的议事方式和表决程序（股东会议事规则）。按照《公司法》的规定，股东会的议事方式和表决程序，除该法有规定的外，由公司章程规定。由于股东会议事规则涉及内容较多，放在公司章程正文中，易引发各部分内容的失衡和篇幅的过分悬殊，建议作为公司章程附件，综合股东会议事方式和表决程序、会议的次数和通知等内容，单列“股东会议事规则”专门文件。

作为公司章程附件的“股东会议事规则”，一般应涵盖以下内容：

（1）股东会的职权，规定哪些事情由股东会决定。

（2）首次股东会的召开程序。

（3）股东会召开会议的次数和通知。

（4）股东会会议出席人数的要求。

（5）股东会人数无法达到要求时该如何处理。

（6）股东会会议的召集和主持程序。

（7）股东会会议召集的特殊情况。

（8）股东会会议形成决议的条件。

（9）非会议形式产生决议的条件。

（10）会议记录。

4. 董事会的组成、产生及董事任期。基于有限责任公司封闭性、人合性、可控性强的特点，董事长、副董事长由股东会选举产生更有利于股东的信任和器重。尤其是私营中小型公司，一般不宜比照股份有限公司，直接由董事会产生董事长及副董事长即可。

关于董事的任期，在 3 年限度内依法由公司章程予以规定。如果多数董事由股东出任，董事任期按最高上限 3 年即可。非此情况下，可考虑每年改选一次。

5. 董事会的议事方式和表决程序（董事会议事规则）。董事会的议事方式和表决程序，因内容多、又具有独立性和程序性强的特征，宜结合其他相关内容概括为“董事会议事规则”，作为公司章程附件的形式出现。其基本内容为：

（1）董事会的职权。

（2）闭会期间的权力行使问题。

（3）董事的任期。

（4）会议的次数和通知。

（5）会议的出席。

（6）会议的召集和主持。

（7）决议的形成。

（8）会议记录。

6. 执行董事的职权。股东人数较少或规模较小的有限责任公司，可以放弃董事会的设置，仅设一名执行董事。《公司法》并授权公司章程对执行董事的职权做出规定。此种架构下，一般可放弃设经理职位，公司章程将执行董事的职权宜界定为《公司法》中关于董事会的部分职权及关于经理职权的结合。执行董事主要行使的权力有：制定公司的基本管理制度，决定内部管理机构的设置，主持公司的生产经营管理工作，聘任公司高级管理人员。

7. 经理的职权。经理岗位设置与否，属于有限责任公司的任选项，但现实中一般会设此岗，在公司章程没有特别规定的情形之下，《公司法》赋予的是一个强势经理的概念。鉴于不规范的法人治理结构、征信体系的残缺和职业经理人队伍的不成熟，为了最大限度地保护股东利益，防范内部人控制公司局面的发生，公司经理的职权宜由董事会或董事长根据经理的个人情况特别授权、适时调整为宜。当然，若按这种方案操作，公司章程应明确规定之。

8. 监事会的设立与组成。设立监事会的有限责任公司，其成员不得少于3人，实践中5至7人为宜。应该注意的是，基于建立人本性公司和公司社会属性的理念，《公司法》规定监事会中职工代表的比例不得低于三分之一。但对于一些股东人数较少、规模较小的有限责任公司，从减少管理成本、提高效率的角度出发，由公司章程规定不设监事会，仅设二名监事，应为务实之举。

9. 监事会的议事方式和表决程序（监事会议事规则）。监事会的议事方式和表决程序作为“监事会议事规则”的一部分，与“股东会议事规则”“董事会议事规则”相同，鉴于其独立性、程序性强的特点，宜以公司章程附件的形式出现。

10. 股权转让。有限责任公司依法允许股权转让行为。首先，股东之间可以相互转让其全部或部分股权。此种情况下，仅是变更了股东的出资比例或减少了股东数量，不会产生股东之间的信任危机。当股东向外人转让股权时，股东之间的信任优势将受到冲击，尤其是股东较少的小型公司，外人受让股权有可能对公司产生颠覆性危机。然而，根据《公司法》的规定，在公司章程没有特别规定的情况下，股东向外人转让股权是无法终局禁止的，原因是：股东向股东以外的人转让股权，虽然需经其他股东过半数同意，但其他股东半数以上不同意转让的，不同意的股东应当购买该转让的股权；不购买的，视为同意转让。

鉴于上述情况，公司章程应因企制宜，对向外人转让股权做出合适规定。现实中，小型公司可以禁止股权外部转让，原因是：股东如果认为其利益受到公司、董事、高管或其他股东的不当侵害，完全可以通过协商、调解或诉讼解决；除此之外，公司的稳定性应是最大的利益选择。至于股东人数较多、规模较大的公司，对股权外转不宜限制过严，但相比《公司法》的一般性规定，公司章程还是应适当从严。

11. 股权继承。在公司章程没有事先规制的前提下，自然人股东死亡后，其合法继承人可以继承股东资格。而此种模式，与上述股东对外转让股权相似，势必产生有限责任公司的信任危机。因此，能否继承，由公司章程规定需股东表决通过较为适宜。但为了保护死亡股东及其亲属的利益，公司章程应规定：死亡股东亲属在不能继承股东资格的情况下，其他股东按持股的比例负有收购其全部股权的义务；或者公司通过法定减资程序，返回死亡股东的股权利益。

12. 财务会计报告的完成及送交股东期限。公司应当在每一会计年度终了时编制财务会计报告，并依法须经会计事务所审计。《公司法》授权有限责任公司章程对上述财务会计报告送交股东的时间做出规定。为了切实落实好股东的监督权及知情权，公司章程应限定财务会计报告的完成时间为年度终了 2 个月以内，送交时间应限定在编制完成 7 日以内为宜。

（四）是否有必要建立各方面的企业管理制度，有哪些方面的管理制度是需要特别注意的?

不少创业者不注意企业的内部管理制度，认为创业初期的主要精力在于业务开拓，对内部制度的建设不太重视。但是一套全面、系统的企业规章管理制度，对企业运作效率的提高和运营成本的降低有至关重要的意义，因此有必要建立全面系统的企业管理制度。

（五）企业完善人事用工制度该注意哪些问题？

企业完善人事用工制度需要注意以下问题：

1. 签订书面的劳动合同并依法缴纳社会保险。不依法签订劳动合同的，劳动者可以请求支付双倍工资，而没有依法为劳动者缴纳社会险，将会受到劳动保障部门的罚款，这会造成企业非生产成本的增加。签订书面合同时，还要注意根据企业的情况规定竞业禁止和保密协议的内容。

2. 做好入职审查工作。招聘过程中的入职审查是对入职者的身份、履历进行核实的过程，其重要目的是防止未与原单位解除劳动合同关系的人员或者负有竞业禁止义务的人员进入本企业。《劳动合同法》第91条规定，用人单位招用与其他用人单位尚未解除或者终止劳动合同的劳动者，给其他用人单位造成损失的，应当承担连带赔偿责任。因此，企业在新员工入职审查过程中，应当要求有工作履历的应聘者提供与原用人单位解除劳动关系的书面证明。

在入职审查过程中，身份证明的审查也非常重要。公安部有专门的查验公民身份证真实性的平台，企业应当积极运用这一平台查验新入职员工的身份情况。如果新入职员工的身份证丢失，要求新入职的员工提供“无违法犯罪行为证明”也是其中一个办法。

3. 履行好告知义务。《劳动合同法》规定用人单位应当如实告知劳动者工作内容、工作条件、工作地点、职业危害、安全生产状况、劳动报酬以及劳动者要求了解的其他情况，用人单位应当将直接涉及劳动者切身利益的规章制度和重大事项决定公示，或者告知劳动者。在实践中，法院审查这一点主要是看是否通过了公示程序。鉴于网站公告、电子邮件传送、宣传栏公告这三种公示方式都不易于举证，所以企业在公示时，应尽量采取书面形式。

4. 以“紧急联系人”方式合法地实现就职担保。《劳动合同法》第9条规定，用人单位招用劳动者，不得扣押劳动者的居民身份证和其他证件，不得要求劳动者提供担保或者以其他名义向劳动者收取财物。一边是劳动者的求职心切，一边是企业的用工风险，劳动者和企业两难。如果在招聘制度的表格设计中添加一栏“紧急联系人”，要求入职者提供1~2名亲属的联系电话和住址，然后进行审查核实，就既能解决外地劳动者就业，又能防范企业用工风险。

5. 建立完善的绩效考核制度。《劳动合同法》第 39 条是关于用人单位单方解除劳动合同的规定，“严重违反公司规章制度”这一法律规定正是企业制定具体考核奖惩办法、掌握主动权的源泉。正是因为国家法律法规没有明确具体的规定，就给企业留下了自行制定相应奖惩标准的空间。企业可以结合自身特点，根据企业规模、盈利状况和员工数量自行制定多层次、多挡位的考核奖惩办法。

6. 建立完善的档案管理制度。企业档案是企业在生产、经营活动中形成的对本企业具有保存价值的各种文字、图表、声像等不同形式的资料。档案管理是为了高效、有序地利用档案材料，提高企业工作效率。对于现代企业来说，档案管理制度还有其特殊的价值。就拿人事档案来讲，规范化的档案管理可为企业提供员工个人经历、业务水平、工作表现、工作变动等情况，便于企业知人善任。其法律意义也尤为重要，在发生劳动争议的时候，规范化的档案管理制度，可以帮助企业规避因不能举证导致的败诉风险。

（六）企业可以从哪些方面着手完善财务管理制度?

企业可以从债权债务管理、内部财会人员管理和财务风险管理三方面着手完善财务管理制度。

1. 债权债务管理。企业如果不重视对赊销及其账款的管理和控制，最后形成呆死账而无法收回，就会造成重大经济损失，甚至会由于资金链的断裂而倒闭。所以，企业自身要建立账款回收制度以及逾期款催收制度，还要结合对合同的审查和履行的规范来规避风险。对重大的项目和合同，要提前进行资信调查；对遇到有逾期情况的客户，要主动了解其经营状况和资产情况，摸清其资产范围、性质和权属，这样，一旦发生诉讼，就可以直接进行财产保全，防止损失的扩大。

2. 内部财会人员管理。财务管理人员在利益驱使下有犯罪风险，同时，也可能因工作人员失误产生错误记录。因此，有必要完善监督检查制度。

3. 财务风险管理。企业的财务风险主要有筹资风险、投资风险、现金流量风险和连带债务风险，都需要予以高度重视，有效地进行管理控制。

（七）对外签订合同需要特别注意什么事项?

签订合同需要特别注意的事项和细节太复杂，而且需要结合具体的合同区别对待，但概括地说，主要有以下几个方面需要特别留意：

1. 签订前对合作对象的主体资格进行审查，即：

（1）审查合作方的基本情况。先要了解对方是否具备法人或者代理人资格，有没有签订合同的权利。

（2）审查合作方有无相应的从业资格。

（3）调查合作方的商业信誉和履约能力。

（4）查阅国家对该交易有无特别规定，目的在于确定双方的权利义务是否合法有效；涉及特种经营行业的，还需要查看是否有特殊的经营许可证；涉及专利、商标、著作权的，需要查看是否为专利、商标、著作权的所有权人。

以上这些可以聘请律师做资信调查，到工商局等相关行政管理部门查询相关情况并分析得出资信结论。

2. 做好对合同各主要条款的审查工作。合同的签订最好采用书面形式，做到用词准确，避免产生歧义。对于重要的合同条款，要字斟句酌；对于重要的合同，应聘请专业律师审查，以防患于未然。合同的基本条款要具备，尤其是交易的内容、履行方式和期限、违约责任要约定清楚。

3. 采取有效措施，做好合同履行过程中的风险防范工作。

合同履行时要注意保留相关的证明资料：

（1）在履行合同时，最好有比较完整的书面往来文件，而且都必须有对方当事人的确认；

（2）如果开出发票时对方货款未付清，应在发票上注明。

4. 依法运用合同履行中的抗辩权防范风险。遇到法定条件或者合作方违约可能损害到我方利益的情况时，可以依法采取中止履行或解除合同的方法，保护本企业的权益。

（八）企业如何控制成本？

企业的成本可以分为生产成本与非生产成本，而非生产成本的控制更为重要。值得注意的非生产成本业务有：会议成本，采购成本，沟通成本，加班成本，人才流动成本，岗位错位成本，流程成本，停滞资源成本，企业文化成本，信用成本，风险成本，企业家成本。

在这些非生产成本中，通过法律资源的管理与运用，可以减少人才流动成本、信用成本、风险成本等，这些都是企业非生产成本控制中非常重要的内容。

（九）创业公司在不同的成长阶段中，可能会需要哪些法律服务？

初创阶段，有注册公司（包括股权协议、章程、年报等）、代理记账报税（税务表单、税收减免等）、知识产权保护（商标申请、版权保护、专利申请及保护）、劳动人事（劳动合同、人事制度、社保公积金开户与缴纳）等。

发展阶段，有融资协议、融资咨询、股权结构、期权设置等。

高速成长阶段，有并购协议、并购咨询与聘请律师、股份制改造等。

IPO 阶段，有上市计划与律师尽职调查报告等。

破产清算阶段，有破产清算、退出机制等。

（十）公司的法定代表人是什么，有什么作用？

法定代表人是指依法代表法人行使民事权利，履行民事义务的主要负责人，其代表企业法人的利益，按照法人的意志行使法人权利。法定代表人在企业内部负责组织和领导生产经营活动，对外代表企业全权处理一切民事活动。

（十一）一个自然人能否创立多家公司？

一个自然人可以创立多家公司，但《公司法》规定一个自然人只能投资设立一个一人有限责任公司，并且该一人有限责任公司不能投资设立新的一人有限责任公司。

（十二）公司一般用到哪些印章？它们的作用与法律效力如何？

公司印章主要包括公章、财务专用章、合同专用章这三个印章，需根据相关规定到工商、公安、开户银行备案或预留印鉴。公司也可以根据需要，刻制税务章、报关章、内部使用的部门章等。

第三节　税收基础知识和优惠政策解读

一、日常税务流程简介

（一）企业开业流程规定

2016 年 6 月 30 日，国务院办公厅发布了《关于加快推进“五证合

一、一照一码”登记制度改革的通知》〔国办发（2016）53号〕，规定从2016年10月1日起正式实施“五证合一、一照一码”。通知指出，在全面实施工商营业执照、组织机构代码证、税务登记证“三证合一”登记制度改革的基础上，再整合社会保险登记证和统计登记证，实现“五证合一、一照一码”，在更大范围、更深层次实现信息共享和业务协同，巩固和扩大“三证合一”登记制度改革成果，进一步为企业开办和成长提供便利化服务，降低创业准入的制度性成本，优化经营环境，激发企业活力，推进大众创业、万众创新，促进就业增加和经济社会持续健康发展。

（二）每月、每季日常报税、记账注意事项

日常报税、记账工作中，要及时抄税、清卡。按《中华人民共和国税收征收管理法》的规定：正常情况下流转税每月15日以前申报，所得税季度后15日内申报，同时报送资产负债表、利润表、现金流量表，逾期要被税务局处以行政罚款。

二、最常用的税种、税率

（一）流转税

依我国现行税制，流转税主要分为增值税、营业税、消费税，其中，增值税纳税人分为一般纳税人和小规模纳税人。

从2016年5月1日起，营业税全部改征增值税。

1. 增值税（见图6－1）。一般纳税人适用的增值税税率有17%，13%，11%，6%，0%等。销售货物或者提供加工，修理修配劳务以及进口货物，提供有形动产租赁服务，适用17%税率；粮食，食用植物油，自来水，暖气，冷水，热水，煤气，石油液化气，天然气，沼气，居民用煤炭制品，饲料，化肥，农药，农机，农膜，农业产品等，适用13%税率；提供交通运输业服务，建筑业，房地产业，不动产租赁服务等，适用11%税率；提供现代服务业服务，金融服务，生活服务（有形动产租赁服务除外），适用6%税率；出口货物等特殊业务，适用0%税率。

但是，小规模纳税人适用征收率为3%。

2. 消费税。消费税征税项目具有选择性。消费税以税法规定的特

中国增值税概述

增值税，是对在中国境内销售货物，提供加工、修理修配劳务、进口货物以及提供营改增应税服务的单位和个人，就其货物销售额或应税劳务收入计算税款，并实行税款抵扣制的一种流转税。实质是对商品生产、流通中各环节和提供应税服务所产生的新增价值或商品附加值进行征税，在增值税进项税抵扣机制下，因购进货物或接受增值税应税服务而发生的增值税进项可以从销项税中予以抵扣。

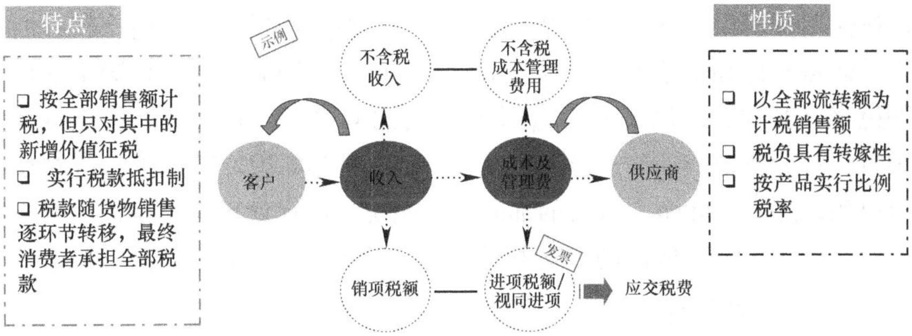

图 6－1 增值税图解

定产品为征税对象，即国家可以根据宏观产业政策和消费政策的要求，有目的、有重点地选择一些消费品征收消费税，以适当地限制某些特殊消费品的消费需求，故可说消费税税收调节具有特殊性。消费税的征收范围包括五种类型的产品：

第一类，一些过度消费会对人类健康、社会秩序、生态环境等方面造成危害的特殊消费品，如烟、酒、鞭炮、焰火等；

第二类，奢侈品、非生活必需品，如贵重首饰、化妆品等；

第三类，高能耗及高档消费品，如小轿车、摩托车等；

第四类，不可再生和替代的石油类消费品，如汽油、柴油等；

第五类，具有一定财政意义的产品，如汽车轮胎等。

消费税实行从价定率、从量定额以及从价从量复合计征三种征税方法。消费税共设置了 15 个税目，在其中的 3 个税目下，又设置了 13 个子目，共列举了 25 个征税项目；实行比例税率的有 21 个，实行定额税率的有 4 个；共有 13 个档次的税率，最低 3%，最高 56%。

（二）所得税

所得税分为企业所得税和个人所得税两种。

企业所得税法定税率为25%。

个人所得税：①工资、薪金所得，税率从3%～45%，适用7级超额累进税率。工资个税的计算公式为应纳税额=（工资薪金所得－"五险一金"－扣除数）×适用税率－速算扣除数。②个体工商户生产经营所得和对企事业单位的承包经营、承租经营所得，税率从5%～35%，适用5级超额累进税率。③个人的稿酬所得，劳务报酬所得，特许权使用费所得，利息、股息、红利所得，财产租赁所得，财产转让所得，偶然所得和其他所得，按次计算征收个人所得税，适用20%的比例税率（其中，对稿酬所得适用20%的比例税率，并按应纳税额减征30%；对劳务报酬所得一次性收入畸高的，除按20%征税外，应纳税所得额超过2万元至5万元的部分，依照税法规定计算应纳税额后再按照应纳税额加征五成；超过5万元的部分，加征十成）。

（三）其他税种

包括城市维护建设税、印花税、房产税、车船使用税、土地使用税、契税、土地增值税等。

三、部分税收优惠政策简介

（一）小微企业税收优惠政策

1. 增值税：

财税〔2014〕71号：为进一步加大对小微企业的税收支持力度，对3万元以下的增值税小规模纳税人，免征增值税；即月度3万元以下、季度9万元以下免征。

软件产品经登记生效后，对增值税一般纳税人销售其自行开发生产的软件产品，按17%的法定税率征收增值税后，对其增值税实际税负超过3%的部分实行即征即退政策。

2. 企业所得税：

财税〔2015〕99号：自2015年10月1日起至2017年12月31日，对年应纳税所得额在20万元到30万元（含30万元）之间的小型微利企业，其所得减按50%计入应纳税所得额，按20%的税率缴纳企业所得税。

前款所称小型微利企业，是指符合《中华人民共和国企业所得税法》及其实施条例规定的小型微利企业（即年应纳税所得额低于30万元，按10%缴纳企业所得税）。

（二）其他税收优惠政策

1. 高新技术企业优惠政策：

《中华人民共和国企业所得税法》第二十八条：国家需要重点扶持的高新技术企业，减按15%的税率征收企业所得税。

2. 研发费用的加计扣除：

这是按照税法规定，在开发新技术、新产品、新工艺发生的研究开发费用的实际发生额基础上，再加成一定比例，作为计算应纳税所得额时的扣除数额的一种税收优惠政策。例如，税法规定研发费用可实行150%加计扣除政策，如果企业当年开发新产品研发费用实际支出为100元，就可按150元（100×150%）在税前进行扣除，以鼓励企业加大研发投入。

3. 大学生创业就业：

关于“毕业年度内”和“高校毕业生”。高校毕业生是指实施高等学历教育的普通高等学校、成人高等学校毕业的学生；毕业年度是指毕业所在自然年，即1月1日至12月31日。

（1）对持《就业创业证》（注明“自主创业税收政策”或“毕业年度内自主创业税收政策”）的人员从事个体经营的，在3年内按每户每年8 000元为限额，依次扣减其当年实际应缴纳的增值税、城市维护建设税、教育费附加、地方教育附加和个人所得税。

（2）毕业年度内高校毕业生在校期间，凭学生证向公共就业服务机构按规定申领《就业创业证》，或委托所在高校就业指导中心向公共就业服务机构按规定代为其申领《就业创业证》；毕业年度内高校毕业生离校后，直接向公共就业服务机构按规定申领《就业创业证》。

（3）上述人员申领相关凭证后，由就业和创业地人力资源社会保障部门对人员范围、就业失业状态、已享受政策情况进行核实，在《就业创业证》上注明“自主创业税收政策”、“毕业年度内自主创业税收政策”或“企业吸纳税收政策”字样，同时符合自主创业和企业吸纳税收政策条件的，可同时加注；主管税务机关在《就业创业证》上加盖戳记，注明减免税所属时间。

（4）上述税收优惠政策的执行期限为2016年5月1日至2016年12

月31日，纳税人在2016年12月31日未享受满3年的，可继续享受至3年期满为止。

第四节　企业账簿凭证管理及发票管理

一、账簿设立

从事生产、经营的纳税人，应当在领取营业执照之日起十五日内按照规定设置总账、明细账、日记账以及其他辅助性账簿，其中总账、日记账必须采用订本式。

生产经营规模小又确无建账能力的个体工商户，可以聘请注册会计师或者经主管国家税务机关认可的财会人员代为建账和办理账务；聘请注册会计师或者经主管国家税务机关认可的财会人员有实际困难的，经县（市）以上国家税务局批准，可以按照国家税务机关的规定，建立收支凭证粘贴簿、进货销货登记簿等。扣缴义务人应当自税收法律、行政法规规定的扣缴义务发生之日起十日内，按照所代扣、代收的税种，分别设置代扣代缴、代收代缴税款账簿。

纳税人、扣缴义务人采用电子计算机记账的，对于会计制度健全，能够通过电子计算机正确、完整计算其收入、所得的，其电子计算机储存和输出的会计记录可视同会计账簿，但应按期打印成书面记录并完整保存；对于会计制度不健全，不能通过电子计算机正确、完整反映其收入、所得的，应当建立总账和与纳税或者代扣代缴、代收代缴税款有关的其他账簿。

二、记账核算

纳税人、扣缴义务人必须根据合法、有效凭证进行记账核算。

纳税人、扣缴义务人应当按照报送主管国家税务机关备案的财务、会计制度或财务、会计处理办法，真实、序时逐笔记账核算；纳税人所使用的财务、会计制度和具体的财务、会计处理办法与有关税收方面的规定不一致时，纳税人可以继续使用原有的财务、会计制度和具体的财务、会计处理办法，进行会计核算，但在计算应纳税额时，必须按照税收法规的规定计算纳税。

从事生产、经营的纳税人应当自领取税务登记证件之日起十五日内，将其财务、会计制度或者财务、会计处理办法报送主管国家税务机关备案。纳税人、扣缴义务人采用计算机记账的，应当在使用前将其记账软件、程序和使用说明书及有关资料报送主管国家税务机关备案。

三、账簿保管

会计人员在年度结束后，应将各种账簿、凭证和有关资料按顺序装订成册，统一编号、归档保管。

纳税人的账簿（包括收支凭证粘贴簿、进销货登记簿）、会计凭证、报表和完税凭证及其他有关纳税资料，除另有规定者外，保存十年，保存期满需要销毁时，应编制销毁清册，经主管国家税务机关批准后方可销毁。

账簿、记账凭证、完税凭证及其他有关资料不得伪造、变造或者擅自损毁。

四、税收证明管理

实行查账征收方式缴纳税款的纳税人到外地从事生产、经营、提供劳务的，应当向机构所在地主管国家税务机关提出书面申请报告，写明外出经营的理由、外销商品的名称、数量、所需时间，并提供税务登记证或副本，由主管国家税务机关审查核准后签发《外出经营活动税收管理证明》。纳税人到外县（市）从事生产、经营活动，必须持《外出经营活动税收管理证明》，向经营地国家税务机关报验登记，接受税务管理，外出经营活动结束后，应当按规定的缴销期限，到主管国家税务机关缴销《外出经营活动税收管理证明》。

乡、镇、村集体和其他单位及农民个人在本县（市、区）内（含邻县的毗邻乡、镇）集贸市场出售自产自销农、林、牧、水产品需要《自产自销证明》的，应持基层行政单位（村委会）出具的证明，到主管国家税务机关申请办理。

纳税人销售货物向购买方开具发票后，发生退货或销售折让，如果购货方已付购货款或者货款未付但已做财务处理，发票联及抵扣联无法收回的，纳税人应向购货方索取其机构所在地主管国家税务机关开具的进货退出或者索取折让证明，作为开具红字专用发票的合法依据。

五、违反账簿、凭证管理的法律责任

纳税人有下列行为之一，经主管国家税务机关责令限期改正，逾期不改正的，由国家税务机关处以二千元以下的罚款；情节严重的，处以两千元以上一万元以下的罚款：

1. 未按规定设置、保管账簿或者保管记账凭证和有关资料的；

2. 未按规定将财务、会计制度或者财务会计处理办法报送国家税务机关备查的。

扣缴义务人未按照规定设置、保管代扣代缴、代收代缴税款账簿或者保管代扣代缴、代收代缴税款记账凭证及有关资料的，经主管国家税务机关责令限期改正，逾期不改正的，由国家税务机关处以两千元以下的罚款；情节严重的，处以两千元以上五千元以下的罚款。

六、发票的购领

已办理税务登记的单位和个人，可以按下列规定向主管国家税务机关申请购领发票。

1. 提出购票申请。单位或个人在申请购票时，必须提出购票申请报告，在报告中载明单位和个人的名称，所属行业，经济类型，需要发票的种类、名称、数量等内容，并加盖单位公章和经办人印章。

2. 提供有关证件。购领发票的单位或者个人必须提供税务登记证件（购买专用发票的，应当提供盖有“增值税一般纳税人”确认专章的税务登记证件）、经办人身份证明和其他有关证明，提供财务印章或发票专用章的印模。

3. 持簿购买发票。购票申请报告经有权国家税务机关审查批准后，购票者应当领取国家税务机关核发的《发票领购簿》或者《增值税专用发票购领簿》，根据核定的发票种类、数量以及购票方式，到指定的国家税务机关购领发票。单位或个人购买专用发票的，还应当场在发票联和抵扣联上加盖发票专用章或财务印章等章戳。有固定生产经营场所、财务和发票管理制度健全，发票使用量较大的单位，可以申请印有本单位名称的普通发票；如普通发票式样不能满足业务需要，也可以自行设计本单位的普通发票样式，报省辖市国家税务局批准，按规定数量、时间到指定印刷厂印制。自行印制的发票应当交主管国家税务机关保管，并按前款规定办理领购手续。

固定业户到外县（市）销售货物的，应当凭机构所在地国家税务机关填发的《外出经营活动税收管理证明》，向经营地国家税务机关申请购领或者填开经营地的普通发票。

依法不需要办理税务登记的纳税人以及其他未领取税务登记证的纳税人不得领购发票，需用发票时，可向经营地主管国家税务机关申请填开。申请填开时，应提供足以证明发生购销业务或者提供劳务服务以及其他经营业务活动方面的证明，对税法规定应当缴纳税款的，应当先缴税后开票。

七、发票的填开

（一）发票填开的基本规定

1. 发票只限于用票单位和个人自己填开使用，不得转借、转让、代开发票；未经国家税务机关批准，不得拆本使用发票。

2. 单位和个人只能使用国家税务机关批准印制或购买的发票，不得用“白条”和其他票据代替发票使用，也不得自行扩大专业发票的使用范围。

3. 发票只准在购领发票所在地填开，不准携带到外县（市）使用。到外县（市）从事经营活动，需要填开普通发票，按规定可到经营地国家税务机关申请购买发票或者申请填开。

4. 凡销售商品、提供服务以及从事其他经营业务活动的单位和个人，对外发生经营业务收取款项，收款方应如实向付款方填开发票；特殊情况下，由付款方向收款方开具发票；对向消费者个人零售小额商品或提供零星劳务服务，可以免予逐笔填开发票，但应逐日记账。

5. 使用发票的单位和个人，必须在实现经营收入或者发生纳税义务时填开发票，未发生经营业务一律不准填开发票。

6. 单位和个人填开发票时，必须按照规定的时限、号码顺序填开，填写时必须项目齐全、内容真实、字迹清楚，全份一次复写，各联内容完全一致，并加盖单位财务印章或者发票专用章。填开发票应使用中文，也可以使用中外两种文字。对于填开发票后，发生销货退回或者折价的，在收回原发票或取得对方国家税务机关的有效证明后，方可填开红字发票。用票单位和个人填错发票，应书写或加盖“作废”字样，完整保存各联备查。用票单位和个人丢失发票，应及时报告主管国家税务机关，并在报刊、电视等新闻媒介上公开声明作废，同时接受国家税务机关的处理。

（二）增值税一般纳税人填开专用发票特别规定

增值税一般纳税人填开专用发票，除按上述规定填开外，还应执行下列规定：

1. 一般纳税人销售货物、应税劳务，必须向购买方开具专用发票，但下列情况不得开具专用发票：①向消费者销售应税项目；②销售免税项目；③销售报关出口的货物，在境外销售应税劳务；④将货物用于非应税项目；⑤将货物用于集体福利或个人消费；⑥将货物无偿赠送他人；⑦提供应税劳务（应当征收增值税的除外），转让无形资产或销售不动产；⑧商业企业零售的烟、食品、服装、鞋帽（不包括劳保福利用品）、化妆品等消费品；⑨向小规模纳税人销售应税项目，可以不开具专用发票。

2. 一般纳税人必须按规定的时限开具专用发票。采用预收货款、托收承付、委托银行收款结算方式的，为货物发出的当天。采用交款提货结算方式的，为收到货款的当天。采用赊销、分期付款结算方式的，为合同约定的收款日期的当天。设有两个以上机构并实行统一核算的纳税人，将货物从一个机构移送其他机构用于销售，按规定应当征收增值税的，为货物移送的当天。将货物交付他人代销的，为收到受托人送交的代销清单的当天。将货物作为投资提供给其他单位或个体经营者，为货物移送的当天。将货物分配给股东，为货物移送的当天。

3. 一般纳税人经国家税务机关批准采用汇总方式填开增值税专用发票的，应当附有国家税务机关统一印制的销货清单。

4. 销售货物并向购买方开具专用发票后，如发生退货或销售折让，应视不同情况分别按以下规定办理：

购买方在未付货款并且未做账务处理的情况下，须将原专用发票的发票联和抵扣联主动退还销售方。销售方收到后，应在该发票联和抵扣联及有关的存根联、记账联上注明“作废”字样，整套保存，并重新填开退货后或销售折让后所需的专用发票。

在购买方已付货款，或者货款未付但已做账务处理，专用发票发票联及抵扣联无法退还的情况下，购买方必须取得当地主管国家税务机关开具的进货退出或索取折让证明单（以下简称证明单）送交销售方，作为销售方开具红字专用发票的合法依据。

销售方在未收到证明以前，不得开具红字专用发票；收到证明单后，根据退回货物的数量、价款或折让金额向购买方开具红字专用发票。红字专用发票的存根联、记账联作为销售方扣减当期销项税额的凭证，其发票联和抵扣联作为购买方扣减进项税额的凭证。

购买方收到红字专用发票后，应将红字专用发票所注明的增值税额从当期进项税额中扣减。如不扣减，造成不纳税或少纳税的，属于偷税行为。

5. 凡具备使用电子计算机开具专用发票条件的一般纳税人，可以向主管国家税务机关提交申请报告以及按照专用发票（机外发票）格式用电子计算机制作的模拟样张，根据会计操作程序用电子计算机制作的最近月份的进货、销货及库存清单及电子计算机设备的配置情况，有关专用发票电子计算机技术人员、操作人员的情况等，经主管国家税务机关批准，购领由国家税务机关监制的机外发票填开使用。

八、发票的保管

单位和个人应当建立发票使用登记制度，设置发票登记簿，并定期向主管国家税务机关报告发票使用情况。

单位和个人应当在办理变更或者注销税务登记的同时，办理发票和发票领购簿的变更、缴销手续。

使用发票的单位和个人应当妥善保管发票，不得丢失。发票丢失，应当于丢失当日书面报告主管国家税务机关，并在报刊和电视等传播媒介上公开声明作废，并接受国家税务机关的处罚。

开具发票的单位和个人应当按照国家税务机关的规定存放和保管发票，不得擅自损毁。已经开具的发票存根联和发票登记簿，应当保存五年。保存期满，报经主管国家税务机关查验后销毁。

九、违反发票管理的法律责任

违反发票管理法规的具体行为包括以下内容。

（一）未按规定印制发票

1. 未经省辖市国家税务局批准，而私自印制发票；

2. 伪造、私刻发票监制章，伪造、变造发票防伪专用品；

3. 印制发票的企业未按《发票印制通知书》印制发票，转借、转让发票监制章和发票防伪专用品；

4. 印制发票的企业未按规定保管发票成品、发票防伪专用品、发票监制章，以及未按规定销毁废品而造成流失；

5. 用票单位私自印制发票；

6. 未按国家税务机关的规定制定印制发票管理制度；

7. 其他未按规定印制发票的行为。

（二）未按规定购领发票

1. 向国家税务机关或国家税务机关委托单位以外的单位和个人取得发票；

2. 私售、倒买倒卖发票；

3. 贩卖、窝藏假发票；

4. 借用他人发票；

5. 盗取（用）发票；

6. 私自向未经国家税务机关批准的单位和个人提供发票；

7. 其他未按规定取得发票的行为。

（三）未按规定填开发票

1. 单联填开或上下联金额、内容不一致；

2. 填写项目不齐全；

3. 涂改、伪造、变造发票；

4. 转借、转让、代开发票；

5. 未经批准拆本使用发票；

6. 虚构经济业务活动，虚填发票；

7. 填开票物不符发票；

8. 填开作废发票；

9. 未经批准，跨县（市）填开发票；

10. 以其他票据或白条代替发票填开；

11. 扩大专用发票填开范围；

12. 未按规定填报《发票购领用存申报表》；
13. 未按规定设置发票购领用存登记簿；
14. 其他未按规定填开发票的行为。

（四）未按规定取得发票

1. 应取得而未取得发票；
2. 取得不符合规定的发票；
3. 专用发票只取得记账联或只取得抵扣联的；
4. 取得发票时，要求开票方或自行变更品名、金额或增值税税款；
5. 擅自填开发票入账；
6. 其他未按规定取得发票的行为。

（五）未按规定保管发票

1. 丢失发票；
2. 损（撕）毁发票；
3. 丢失或擅自销毁发票存根联；
4. 未按规定缴销发票；
5. 印制发票的企业丢失发票或发票监制章及发票防伪专用品等；
6. 未按规定建立发票管理制度；
7. 未按国家税务机关规定设专人保管专用发票；
8. 未按国家税务机关规定设置专门存放专用发票的场所；
9. 未经国家税务机关查验擅自销毁专用发票的基本联次；
10. 其他未按规定保管发票的行为。

（六）未接受税务机关检查

1. 拒绝检查、隐瞒真实情况；
2. 刁难，阻挠税务人员进行检查；
3. 拒绝接受《发票换票证》；
4. 其他未按规定接受国家税务机关检查的行为。

有上述所列行为之一的单位和个人，由国家税务机关责令限期改正，没收非法所得，并处一万元以下的罚款。有所列两种或者两种以上行为的，可以分别处罚。

非法携带、邮寄、运输或者存放空白发票的，由国家税务机关收缴发票，没收非法所得，并处一万元以下的罚款，情节严重的，处一万元以上三万元以下的罚款；有违法所得的，予以没收。

私自印制、伪造变造、倒买倒卖发票，私自制作发票监制章，发票防伪专用品的，由国家税务机关依法查封、扣押或者销毁，没收非法所得和作案工具，并处一万元以上五万元以下的罚款，情节严重的，并处五万元以上五十万元以下的罚款；构成犯罪的，由司法机关依法追究刑事责任。

违反发票管理法规，导致纳税人、扣缴义务人以及其他单位或个人未缴、少缴或者骗取税款的，由国家税务机关没收非法所得，并处未缴、少缴或者骗取税款一倍以下的罚款外，还对纳税人、扣缴义务人以及其他单位或者个人进行依法查处。

单位或者个人有下列行为之一的，应当承担刑事责任：①虚开增值税专用发票的（虚开是指为他人虚开、为自己虚开、让他人自己虚开、介绍他人虚开增值税专用发票行为之一的）；②伪造或出售伪造的增值税专用发票的；③非法出售增值税专用发票的；④非法购买增值税专用发票或者购买伪造的增值税专用发票的；⑤虚开用于骗取出口退税、抵扣税款的其他发票的；⑥伪造、擅自制造或者出售伪造、擅自制造的可以用于骗取出口退税、抵扣税款的其他发票的，以及以营利为目的，伪造、擅自制造或者出售伪造、擅自制造的上述规定以外的其他发票的；⑦非法出售可以用于骗取出口退税、抵扣税款的其他发票的，以及以营利为目的，非法出售上述规定以外的其他发票的；⑧盗窃增值税专用发票或者其他发票的。

本章练习

思考题

1. 按法律形式划分，企业分为哪几类？
2. 企业设立过程中常见的法律风险有哪些？如何进行有效的防范？
3. 我国最常见的税种有哪些？
4. 大学生创业可能会享受到哪些税收优惠政策？

5. 违反发票管理规定有哪些法律责任?

综合训练

案例

大学生小张毕业后自己开了一家装潢公司。有一天小张公司的工人甲购买了3万元的装潢材料为客户装潢，当时出售装潢材料的商店对工人甲说，不要发票可以便宜800元；甲为了贪图便宜没索取发票，回公司后，财务以没发票不能报销入账为由，不给甲报销；情急之下，甲花了200元在火车站买了一张假发票拿给财务报销。第二年，主管税务机关到小张公司进行例行税务检查，发现了甲购买的假发票，按照《中华人民共和国发票管理办法》给予小张的公司罚款3 000元。

请问：工人甲没有索取发票，财务不给报销对不对？又请问：主管税务机关为什么对小张的公司处以罚款?

要点提示

1. 工人甲购买装潢材料，应该由出售装潢材料的商店开具发票提供给甲，但甲贪图小便宜，不要发票，公司财务不给报销是对的。
2. 小张的公司的工人甲购买假发票报销，违反了《中华人民共和国发票管理办法》，公司理应受到税务机关的处罚。
3. 此事会使公司在经济上受到损失，在名誉上受到影响。

第七章　大学生创业的新产品市场营销

知识目标

了解新产品目标市场细分定位和营销策划基本理论，掌握营销推广渠道和方法，熟悉新媒体营销。

能力目标

能够独立策划新产品营销，能够熟练运用新媒体营销手段和方法。

第一节　新产品目标市场细分和定位

一、概述

大学生推出新产品，一定要考虑目标人群在哪里，竞争对手是谁，市场怎么样；也就是要进行市场定位，而且要力求清晰。

按照特劳特的理论，所谓定位，就是令你的企业和产品与众不同，形成核心竞争力；对受众而言，即鲜明地建立品牌，通俗地讲，定位就是抢占目标消费者心智资源。

至于定位的方式，我们通常还是参考菲利普·科特勒的STP理论模型，包括市场细分、目标市场选择和定位。这三个动作教科书上都有深入论述。简言之，就是先根据顾客需求把某个产品或服务的市场划分为一系列细分市场，然后选择、决定进入的细分市场，最后把产品或服务确定在目标市场中的一定位置上。

定位最核心的目标，是建立竞争差异性。抛开理论，定位的关键在于在某一个细分市场上占据第一：如果你的产品或服务在当前熟知的细分市场已经占据第一，那么就去强化；如果没有，那么就找到你能成为第一的细分市场，然后去强化。而且，定位的事情不是新产品推出之后再做，在规划新产品之前都要考虑定位的问题。比如，某个大学生想在服装行业创业，但如果去做品牌设计师，竞争太激烈，自己积累也不足，于是决定做个性T恤，而且以淘品牌（淘宝商城和消费者共同推荐的网络原创品牌）为主，这样就快速打开了市场。

二、如何进行新产品目标市场细分和定位

（一）市场细分

1. 为什么要进行市场细分？即使是大企业，在进行新产品推广的时候，也会面临诸如预算有限、区域市场差异化、消费者需求差异化、竞争强度差异化等问题，也必然要进行市场细分；而我们大学生推广的新产品，更要认真研究市场，从而选择更适合的目标市场作为主攻点。

2. 市场细分标准。市场细分通常要考虑：地理位置（气候、人口密度等），人文因素（年龄、性别、收入等），心理状态（购买动机、社会阶层、生活方式、价值观等），行为因素（使用频率、忠诚度等）。

但市场细分之重点还是结合自身产品的特点，选择细分标准。我们曾帮助某款汽车新品上市推广。这是一款小型SUV产品，售价10～17万元，动感时尚造型。有鉴于此，当时重点从人文和心理两个角度，即收入高低和追求个性程度高低两个角度，把消费者市场分为四大类：城市精英型，家庭型，乐活族，经济适用型；然后从中选取城市精英型、家庭型作为目标人群，重点突破。由于定位准确，推广得力，最终使预

定的月销3 000辆的目标一年后提升到月销10 000辆。

3. 市场细分方法——市场调研。通常市场细分的流程是：先选择市场进行评估，再设计并组织市场调研，然后选择细分的具体标准，再进行初步的市场细分，最后筛选、分析细分市场并最终选定细分市场目标。

这里，我们再分享一个汽车行业的案例，不过这个案例不是推出新产品，而是推出全新的服务及服务品牌。当时，为了研究服务品牌所需要的支撑项目，准确找到客户需求的要点，我们组织进行了客户需求研究，前后历时一年半，包括1 000多个样本的定量研究以及几十场焦点小组访谈，同时包括大量的案头定性研究。在项目开始之初，我们初步汇总了当时汽车行业比较流行的近80种服务项目，接着进行全面调研，针对3类目标战略人群共有的售后服务诉求——“可靠、质量、服务、安逸”，最终选定了所需要的支撑项目。

（二）目标市场

1. 选择策略。通常，目标市场选择策略包括无差异营销（向所有市场提供一套产品或服务，常用的如成本领先策略）、差异化营销（针对不同细分市场，提供不同的产品和服务，采取不同营销方案）、集中营销（选择某一个目标市场重点突破，即我们常说的聚焦策略）三种。

大学生推出新产品，通常难以进行差异化营销，而产品创立之初无法实现批量生产，又很难做到同等质量下的以低成本抢占市场，所以，更多地会采取聚焦某一市场的集中营销策略，也就是聚焦策略。但聚焦策略的关键，首先在于选择好细分市场，其次在于坚持，后者尤其重要。

在辅导大学生创业及为初创企业做咨询的过程中，我们曾见过无数新产品、新企业因为不能坚持下去而倒下。通常，创业型公司碰到的最大的麻烦就是没客户、无资金、招不到人这三大困难；碰到这种情况，我们常问创业者一句话：如果你是客户，你是否愿意为你的产品买单；如果你愿意，那么请再坚持一下；如果你自己都不愿意，那么肯定是你的产品或方向出了问题，那么请再积攒实力，几年后换个方向卷土重来。我们曾服务过一个木窗企业，这是来自东北的一家企业，老板也是白手起家。创业之初他面临几种选择：是做意式窗、铝合金窗还是其他窗。而且，当时这些品类都是市场保有量很大的产品；但最终，他选择了德式窗，而且聚焦到铝包木窗，因为他看中这一产品的高端特性和强大的市场潜力，于是坚持多年，最终在这一细分市场占领了领先地位。

2. 选择模式。基于上述三种策略选择，具体的目标市场选择模式通常包括：产品—市场集中化（针对某一目标人群、提供某一款产品），产品专业化（针对不同目标人群提供同一种产品），市场专业化（针对某一目标人群提供不同产品），有选择的专业化（选择几种不同的目标人群，分别提供不同产品），市场全面化（同步推出多种产品，覆盖多个目标人群）。

但我们大学生推出新产品，重点还是应该在聚集上，即聚焦到某一核心目标人群，聚焦到某一重点产品，实行单点突破，然后再进一步拓展市场。我们曾帮助某个英语培训机构进行推广。在前期，该机构曾将目标人群定位为成人英语，但市场推广不利；后经咨询，将市场又进一步细分，定位于儿童英语培训，而且强调美式英语，随后迅速打开了市场。

（三）定位

如前所述，定位的核心是抢占目标消费者心智资源，所以占领目标人群 TOP 3 的位置，成了众多营销人追逐的目标，也是我们大学生推出新产品重点要考虑的问题。

1. 定位方法。常见的定位方法有关联定位、对抗定位、品类定位、领导者定位四种。

关联定位很简单。同一市场已经有一个比较强的品牌，与之建立关联，快速使消费者认知你的品牌。历史上，中国品牌通常很擅长这一点，成功的如淘宝之于 ebay，百度之于 google，小米手机之于苹果手机。但关联定位不能简单地山寨，要形成自己的特色；有的品牌先关联，等企业成长之后，再建立全新品牌，其实也是不错的选择。

对抗定位是与竞争对手定位于同一位置，强势对抗。典型的如肯德基之于麦当劳，百事可乐之于可口可乐。大学生推出新产品由于规模较小，无法进行强势宣传，通常不必进行对抗定位。

领导者定位将目标放在成为某一方面的领导者，并围绕目标展开宣传。领导者定位追求领先，可以是时间最长、销量最高或某一项技术领先。大学生推出新产品之初，一定要当心“最、第一、首家、权威”等极限用语的运用，以避免违反新广告法；而且推广要言之有据，避免类似加多宝被法院判决停用“加多宝凉茶荣获中国罐装饮料市场‘七连冠’”等广告语事件的发生。

品类定位即发现或创造一个新的品牌，并使之成为第一。在某一品类中，如果你无法以第一的身份进入潜在的顾客的心智，那么就创造一个品类使自己成为第一；也就是说，创造一个你能成为第一的新领域。我们曾服务过一个美容仪新产品，该产品拥有纳米点阵嫩肤、时尚轻奢、小巧便携等特点，于是我们将其定位为私人移动美容院新品类，并推出了新广告语：“美，一器呵成。”

2. 定位步骤。定位的基本方法不是去创新，而是操控人们心智（头脑）中已经存在的认知，把已经存在的观念“重新组合”。通常，我们先进行市场分析，再进行理性价值和感性价值的分析，然后找到最终的品牌定位。

市场分析的重点是当前市场容量、走势分析，还有竞争对手价格区间及产品特点分析，进而找到自己要推出的新产品可能的市场位置。

理性价值也被称为USP（独特销售卖点），就是研究产品本身的特点。除了分析产品自身的设计、技术、性能之外，同时还要分析产品研发、推广的背景，包括团队背景、资本支持、技术来源、售后服务等；通常要概括3～5个优越于同类产品的特点，以便于后续推广。

竞争定位是研究自身产品与竞争对手的差异化特征。通常用十字图把竞争对手置于四个象限，以便找出我们与主要对手的差异。

所谓感性价值，就是描述新产品如何满足目标人群的某些特定的感性利益。要做到、要做好这一点，关键在于目标人群分析要从目标客户群找到一些共同特征：一方面是年龄、性别、职业、爱好等，我们称之为人口统计学特征；另一方面则是价值观、消费观分析（如有人活力激扬，有人则低调内敛；有人注重品牌形象，有人则是价格敏感型；通常这些特点会概括为时尚、传统、品味、低调、引领潮流、品质生活等）。这样，针对目标人群的不同特点，我们就可以“对症下药”了。

通常，品牌定位才是我们常讲的“定位”。也就是说，结合产品的特点和目标人群的核心需求，找到我们自身独特的位置（其实就是抢占目标人群心智资源的位置），即品牌定位。

这里以某汽车新品之定位为例。某自主品牌前期推出中级车，取得了自主品牌同级车月销量第一的好成绩。但产品上市一年，热度逐渐衰减，需要推出一款同级车新品振兴市场。接手项目后，我们先对未来市场进行定位：首先明确，这款车主要用于提升形象；其次，新品是以偏商务的主流 B 级车作为主打市场，而这一市场悉数为合资品牌长期占据，包括凯美瑞、帕萨特、君越等。如何快速抢占消费者心智资源？我们对该款产品的定位分析过程见图 7 -1 至图 7 -5。

自身产品分析

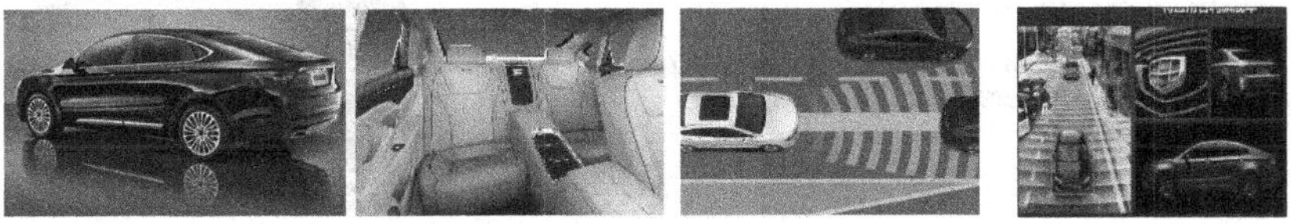

大师设计外观，快背式背部曲线，全景星空防夹天窗	近5米超长车身，内部空间宽敞；后排4座超大鹿皮座椅，车载冰箱，NAPPO 真皮方向盘，羊毛地毯	城市预碰撞，LDW主动偏航警示系统，七安全气囊、360 全景倒车影HUD抬走显示像等多种安全配置	4年15 万公里品质保证，诸多大牌合作，包括博世车辆ACC自适应巡航、巴斯夫漆面、法雷奥大灯、米其林轮胎、哈曼音响
美学动人	尊享宜人	安全卫人	品质耀人

为主流商务人群打造专属礼遇移动空间

图 7 -1　自身产品分析

目标人群分析

B级市场/购买人群分析

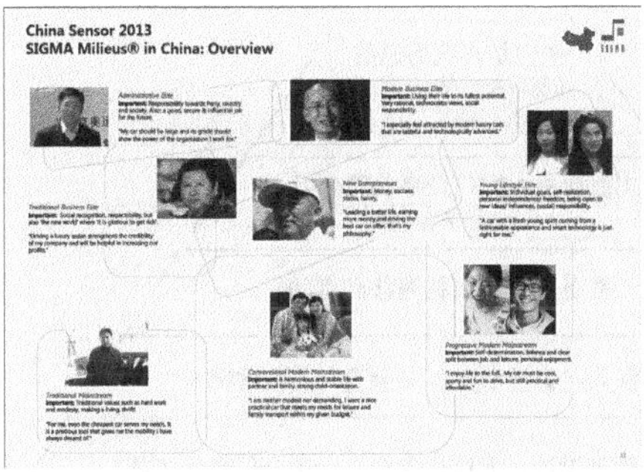

B级主流购买人群

年龄	34-45岁，70后为主
职业	城市企事业中高层管理人员
家庭月收入	2万元-4万元
基本描述	爱好更加多元 增换购比例大

图 7 -2　目标市场分析

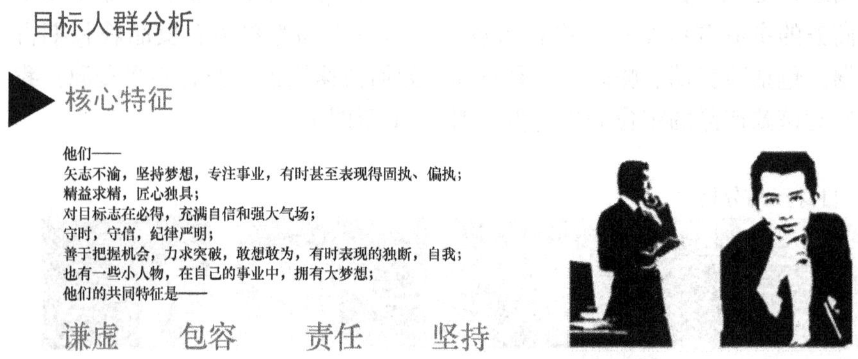

图 7－3　目标人群分析

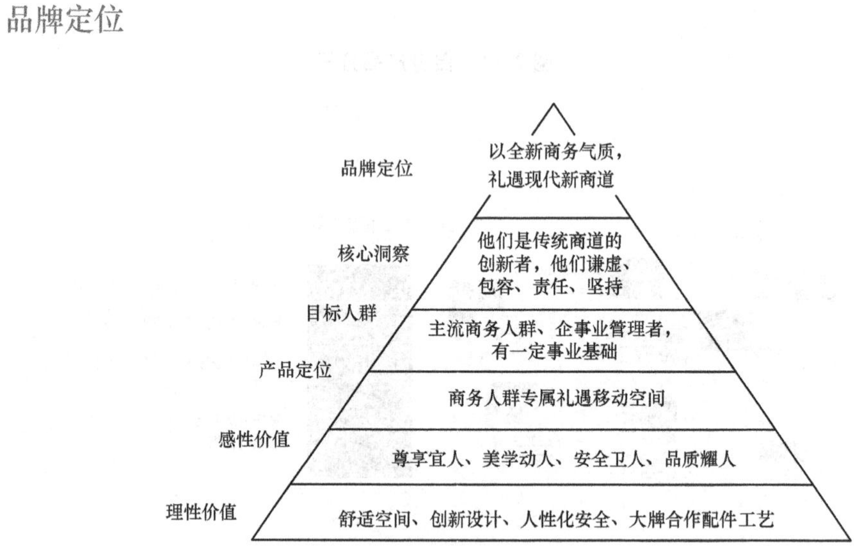

图 7－4　品牌定位分析

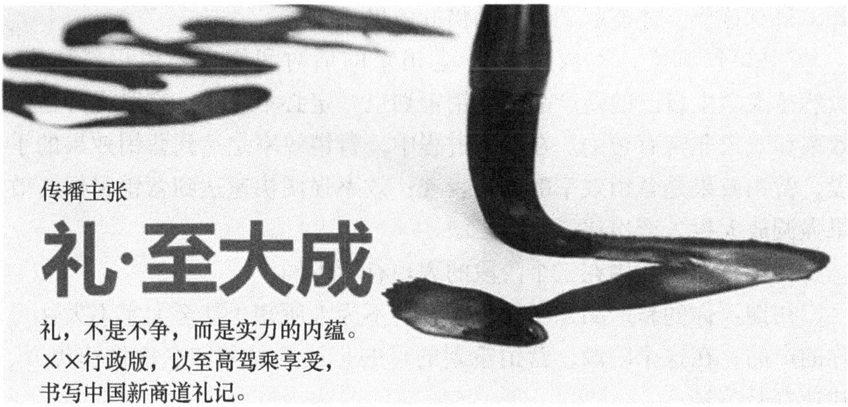

图 7-5　自身品牌定位建立

第二节　新产品营销策划

一、概述

通过营销策划，可以把我们的产品更高效地推向市场。而营销策划的过程要基于市场分析，并结合目标制定，从营销 4P 的角度进行策划；当然，要结合自身产品特点、市场定位，针对目标人群进行，这是策划的基础。

市场分析的工作，包括 PEST（政策、经济、社会、技术）分析、SWOT 分析、波士顿矩阵（现金牛）等，各有侧重。这里我们重点基于 SWOT 分析，研究新产品营销策划方法。

营销策划一定要注重营销目标的制定，要结合 SMART 原则（见后文）设定目标。有效的目标管理，可以帮助你更高效地完成目标，也能更好地制定出后期评估的标准。

营销 4P 包括产品、价格、渠道、推广，是我们策划过程中重点应该考虑的四个方面。简言之，它就是用最有竞争力的产品，制定合适的价格，采取最贴近目标人群的渠道形式，运用有效的推广手段，把产品快速推向市场。这四个手段都一定要围绕新产品的定位和细分市场展开，只有这样，才能起到事半功倍的效果。

“凡事预则立，不预则废。”老祖宗的话对我们大学生仍然适用。虽然是大学生自己的新产品，营销策划也一定必不可少，它对提升营销效率和效果非常有帮助。在营销过程中，营销效率是达到营销效果的手段，营销效果是营销效率的外在表现；效率强调快速达到营销目标，效果强调放大投入产出比。

营销策划的作用在三个阶段的表现有所不同：

初期：你的新产品知名度很低，还不为人所知，甚至大家不太认可你的产品；在这个阶段，营销策划的目的是让产品的知名度快速提升，快速打开市场。

中期：这个时期你的产品已经有了一定的稳定的客户，营销策划的重点是维护老客户口碑，用他们的好口碑帮你间接做推广，进一步提升销量。

成熟期：这个时候你的产品销量已经很不错了，客户的数量也有了质的飞跃；此时，营销策划的目的在于进一步稳固已有的市场，强化与竞品建立差异性，突出自己产品的特点和优势。

二、如何进行新产品营销策划

（一）SWOT 分析

SWOT 分析是由美国麦肯锡咨询公司提出的。在营销策划开始的前期，SWOT 分析法能更好地帮助我们了解内部和外部的情况，把这些方面涉及的内容进行归纳整理，从而使策划有更强的理论支撑。

下面来具体说一下 SWOT 分别对应的内容：S（Strength），代表的是优势；W（Weakness），代表的是劣势；O（Opportunity），代表的是机会；T（Threat），代表的是威胁。其实 SWOT 分析也很好理解，按照每个单词的含义给出的方向，把内外部情况的调查结果一一列出来，再通过自己的思考和资料的整理，深度分析你所能想到的所有因素，从中得出此次你做营销策划的结论，这些结论往往能指明你的营销策划的方向和目标。

当然，SWOT 的分析法也只是给我们一个参考，具体问题还是要具体分析，不能死抠字眼；最为关键的，是要找到我们的营销策略。

比如我们曾服务过某新型互联网金融客户。我们先分析了该行业的现状和未来以及如今面临的问题和机遇：首先，整个行业存在巨大机遇，截至2016年6月底，网贷行业上半年成交8 422.85亿元，累计成交达到了22 075.06亿元，整体行业市场发展空间广阔；但同时，该行业存在严峻挑战，尤其是平台众多，竞争激烈，品牌散乱，缺乏公信力，随着监管趋严和市场竞争日益激烈，市场会出现大规模优胜劣汰。接着又对该客户自身情况做了分析。虽然该客户有一定实力，而且风险控制技术力量强大，但它目前知名度低，同时针对目标人群的推广很少（比如在搜索引擎上，百度指数远不及同类竞品）。通过一系列的分析，最后得出了其营销策略的方向，比如：SO策略，要强化网络口碑，传播产品优势；而ST策略，强调要通过意见领袖进行舆论引导。

（二）营销目标的设定

任何营销活动，其预算都是相对有限的。所以，我们在此要重点强调营销目标的设定，希望我们大学生在策划之初，就要注意策划方案的落地和可执行，而非只顾创意，海阔天空。关于营销目标的设定，有一个专用术语是KPI，重点要考虑的是SMART原则。

KPI（Key Performance Indicator）即关键绩效指标，其来源是二八定律。KPI不仅企业管理、岗位职责要用，新产品策划也需要用。通常，营销KPI的制定不仅要考虑销量、销售额等结果指标，更要考虑关注人数、活动参与人数、注册量、意向客户数量等过程指标；而且，如果已经有了一个团队，要把这些指标分解到团队每一个人，通过KPI考核团队，通过过程指标和结果指标的结合考核团队。过程指标的设计，要结合AISAS认知模型；关于这个模型，我们下一节会重点讲解。而KPI的制定，需要依据SMART原则。SMART原则这五个英文字母，分别对应五个关键词。下面我们来具体说明：

S（Specific）即明确性，是指用具体的语言，清楚地说明要达成的行为标准。

M（Measurable）即衡量性，要求目标的衡量标准要遵循“能量化的量化，不能量化的质化”：首先从数量、质量、成本、时间、客户的满意程度五个方面来进行设定，最终使得你的目标有一个可以衡量的标准。

A（Attainable）是可实现性，要求既要使工作内容饱满，也要使其具有可实现性。一个很有意思的比方是“跳起来摘果子”：既超出现有水平，但稍加努力又能实现——这才是好的目标。

R（Relevant）即相关性，指要实现的此目标与其他目标的关联情况：如果通过努力实现了这个目标，但它与其他目标完全没有什么关系，那这个目标即使实现了，它的意义也不是很大。

T（Time-based）即时限性，它要求目标的设置要有时间限制，根据具体的任务设定完成时间，定期检查完成情况，以便及时调整。

（三）营销4P

前已述及，营销4P包括产品、价格、渠道、推广四个方面的内容，是我们进行营销策划时要重点考虑的方面。

1. 产品。所谓产品战略，是指在我们制定营销策略时，首先要确定我们提供的产品或服务是什么，如何去满足消费者的需求。产品必须要有独特的卖点，把消费者对产品的功能需求放在第一位。

所以，摸透消费者的消费需求是很重要的。对于一个新项目、新产品来说，前期用最优秀的产品打开市场，但不一定是最高端，也不一定是最低价，一定要基于目标人群，有自己的目标客源，这对以后的销售很有帮助。2009年“北大才子卖猪肉”的新闻传出后，壹号食品董事长陈生的“壹号土猪”（见图7－6）开始起飞。6年时间，他在全国开出700家店；在最初决定转型做土猪之初，陈生就把产品定位于高端猪肉。他把中国从南到北、从东到西的土猪品种都考察了一遍，试吃过无数的猪肉，还开办了一个土猪研究所，专门研究土猪育种问题，最终用纯正的土猪占领了市场。

图7－6 “壹号土猪”

2. 价格。对于产品定价来说，产品本身的实际价值当然是主导因素，但它也不仅仅取决于你的产品本身，还要考虑到你的产品的市场定位、市场竞争情况和消费者对产品的认可程度。有两种定价策略是现在主要运用的方法：撇脂定价和渗透定价。下面简单介绍一下这两种方法的区别。

撇脂定价法是指在产品生命周期的最初阶段，把价格定的相对较高，以求尽快收回成本，获取最大利润；而渗透定价法是指在产品生命周期的初期，把产品的价格定的相对较低，通过吸引客源来获取更大的市场占有率。这两种定价方法各有各的优点，但产品定价的关键还是要看产品本身的定位。

某O2O餐饮品牌商家曾找到我们做推广，当时他们已推出该品牌3个月，通过1元抢购券活动达到每天飞来500份订单，而且他们还定期组织“吃货”免费试吃，活动搞得热闹非凡。但实际上，他们面临的关键问题是：大部分客源来自促销活动和免费活动，活动一旦取消，则人数暴减，而且，其主流人群消费偏低端，与其客单价68元的白领、中高档商务套餐定位不符。经咨询，后来我们建议其策略调整为“轻奢”外卖（见图7－7），针对上海陆家嘴金融圈白领实现单点突破，并配合财经类媒介传播开展定位中高端的各种圈层活动；金融圈市场打开后，再进一步全面拓展。目前该品牌已经发展成为沪上部分白领喜爱的外卖品牌。

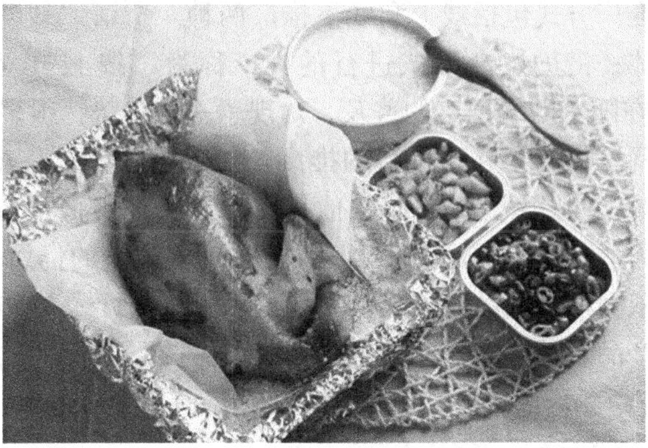

图7－7 “轻奢”外卖

3. 渠道。营销渠道是指某种货物或劳务从生产者向消费者移动时，取得这种货物或劳务所有权或帮助转移其所有权的所有企业或个人；简言之，就是商品卖给消费者的通路。传统营销渠道包括批发商（一级代理）、代理商（二级代理）、零售商（终端），而新型分销渠道包括连锁经营、特许经营、直销、电商、微商。现代渠道逐渐地变得越来越扁平化，企业更多地直接对终端进行掌控。

通常大学生接触的渠道包括淘品牌的电商渠道以及微商的三级分销，我们之所以不主张大学生参与微商，是因为其实质仍旧是延续直销的“亲情销售”、层级代理，并不利于创新能力的培养。但即便创业方向是代理某一款产品（通常我们不把这种方式称为创业，我们称之为生意），我们仍然要强调：一定要注意自身品牌的培养；你可以在代理别人产品的过程中学习已有的先进经验，培养自己店面（可以是网店）的知名度，未来推出自己的全新产品。

我们曾服务过某一汽车 4S 店，它们销售的是别克产品，而且在北京地区已经有一定的影响力；但它们仍然不忘建立自身品牌，除了推出特色化服务维护老客户，组织北京及周边大型别克车主活动以外，还同时强化自身公众号的运营和推广，让客户实现积分累加及在线积分兑换功能，强化自身品牌与其他 4S 店的差异性。

4. 推广。所谓推广，是一种通过各种宣传方式扩大产品或者品牌影响力的过程。推广的定义在此不做过多强调，因为其重点在于推广手段的运用。

通常的推广方式包括线上和线下推广两种。所谓“线”，指的是营销传播的载体；借助媒介形式进行的推广称为“线上”，反之则称为“线下”。现在随着网络推广的普及，出现了一种趋势：很多人把“线”理解成互联网，借助互联网进行的推广，如微信活动、搜索引擎推广、朋友圈广告等，叫“线上”；而其他推广方式，如平面广告、发布会、路演等统称为“线下”。不过分类不重要，需要强调的仍然是：推广方式的选择要依据产品及品牌的定位和特点，要结合目标人群的习惯和偏好。至于新产品营销推广的具体内容，我们会在下一节中重点专述。

（四）人员和管理

有的同学对大学生的新产品也需要考虑人员和管理不以为然，认为人员和管理是大企业的事情。但事实上，从有新产品的想法开始，你就不是一个人在战斗了。如果你卖的是一种服务，那么客户的挖掘、市场的调研等都需要团队分工来完成；如果你的产品是一种实物，那么推广过程中，物料的准备、派单、接待客户，这些都需要找合作伙伴分工完成。固然新产品推广之初通常难以有稳定的团队，但你一定要有至少一个稳定的合作者。

团队逐渐形成后，学会制定管理规范就变得尤为重要了。前已述及，管理要设定明确的可量化考核的指标；而在这里，我们更强调执行过程的管理。也就是说，在传统的 PDCA 管理方法（见图 7－8）中，尤其重要的是“C”。

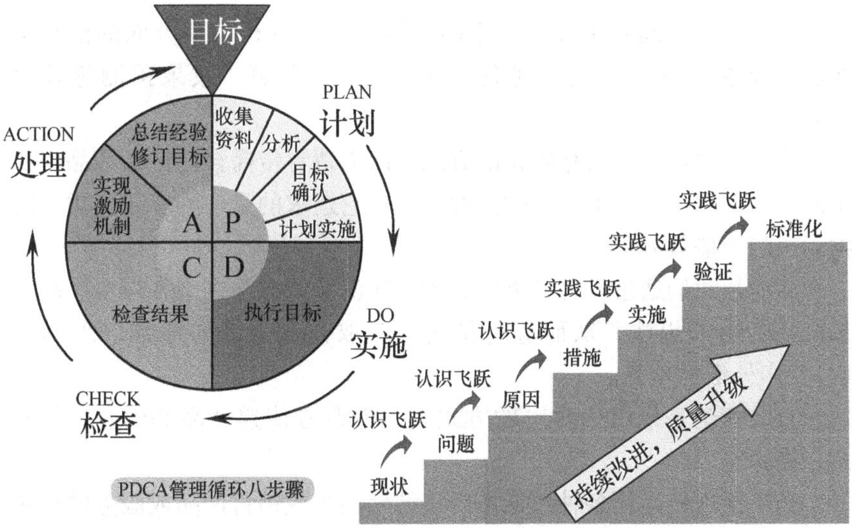

图 7－8 PDCA 管理循环

PDCA 最早由美国质量管理专家戴明提出，故又称为“戴明环”，它是全面质量管理所应遵循的科学程序。P（Plan，计划）即计划的制定；D（Do，执行）指具体运作，即实现计划的方法；C（Check，检查），即总结计划执行的结果，分清哪些对了，哪些错了，以明确效果，找出问题；A（Action，处理），即对检查的结果进行处理——对成功的经验加以肯定，并予以标准化，对于失败的教训也要总结，以免重现；对于没有解决的问题，应提交给下一个 PDCA 循环去解决。

第三节 新产品营销推广

一、概述

所谓营销推广，就是针对目标人群，通过各种营销沟通组合工具来传达产品的特点及定位；而营销推广过程，就是与目标人群的营销沟通过程，即通常我们所要考虑的“对谁说，说什么，怎么说”的问题。常用的营销沟通工具包括广告、公关、活动、直效营销、销售促进等几种。

广告是由明确的主办人向不确定的受众所进行的单方面的信息沟通。广告通常包括主题、创意表现、媒介、预算、效果预测等几个方面。

公关是通过各种潜移默化的方式，向消费者传播自己产品和品牌的正面形象，从而取得消费者的高度信任；它追求的是一种春风化雨、润物无声的传播效果。

活动是我们通过各种可能的方式，让消费者参与进来并体验产品效果、产生购买想法，从而进行销售，获取盈利。诸如地推（地面推广）、店外活动就是。

直效营销是指以一对一的方式，向消费者传递产品和信息，如直邮、推销等。

销售促进指运用各种短期诱因，鼓励购买或销售产品或服务的促销活动，包括折扣券、赠品、抽奖等。

营销推广的意义，是运用营销沟通组合工具与目标人群互动，最终让消费者接受产品和品牌并实现购买，甚至成为当下和未来的忠诚用户并愿意主动分享。

如图 7 -9 所示，通常消费者对产品和品牌的接受会经历 AIDMA 几个阶段，即 Attention（注意）—Interest（兴趣）—Desire（消费欲望）—Memory（记忆）—Action（行动），简称为 AIDMA，我们称之为购买漏斗。（AIDMA）最早由美国广告学家 E. S. 刘易斯提出，后来随着社会化媒体的发展，现在该模型已经由日本电通公司发展为 AISAS 模型：Attention（注意）—Interest（兴趣）—Search（搜索）—Action（购买）—Share（分享）。营销沟通工具的应用，不同的目标人群有不同的表现；在消费者购买流程的每一阶段，工具的作用也不同。

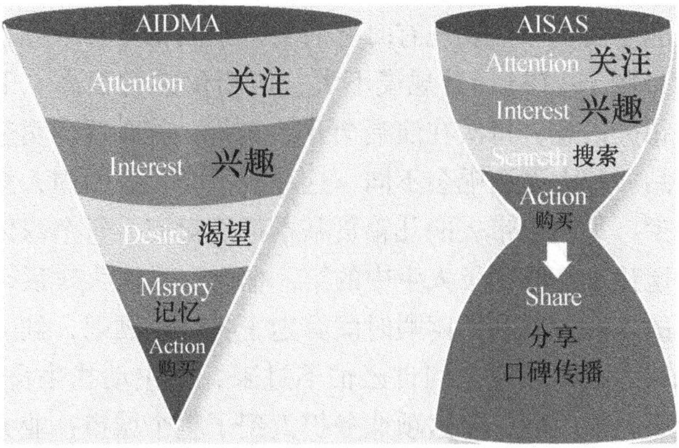

图7－9 AIDMA 和 AISAS 模型

例如，我们曾协助一个医药新品牌做推广。整个推广流程分为品牌曝光、产品解析、高潮、意见领袖证言等几个阶段。在品牌曝光阶段，我们通过大量新闻稿、广点通等工具，全网传播；在产品解析阶段，主要借助微信、微博、网红直播等不同形式，深度解析产品特点；而在高潮阶段，则是通过创造话题性事件，配合多种媒体传播实现引爆；意见领袖证言阶段，是采用有一定知名度的医师和医院院长的证言，配合用户体验分享，大量运用朋友圈、社群营销等媒体工具，使产品的功能和效用深入人心。

通常，不同的产品，消费者的购买流程也不同。快消品通常购买流程较短，而耐用品则购买流程较长。营销推广要活学活用、对症下药，这样才能达到互利共赢的最佳效果。

二、如何进行新产品营销推广

（一）确定目标人群

营销推广的关键，是确定目标人群，有针对性地进行推广，也就是要使目标人群精准化。广告史上一直有一个经典问题：“我知道我的广告费有一半是浪费的，但我不知道浪费的是哪一半。”其实，这里的关键在于进行推广时能不能使目标人群精准化。随着互联网技术的普及，目标人群的精准化越来越有希望得以实现。

例如，小施是成都某大学临床医学院的学生。高考结束后的那年暑假，小施瞅准了商机。他发现有时有的文艺小酒吧里会举办小型圈内歌手演唱会（见图 7－10），其规模不大，但粉丝热情很高。于是他提前在网上搜集相关信息，每次在演唱会开始之前，就在现场卖这个歌手的相关周边产品。和大型演唱会不同，这种演唱会只有圈内人知道，所以竞争者比较少。每次他带去的几箱货基本都能卖完，每个双休日大概能赚 150 元，这让小施赚到了人生中的第一桶金。进入大学后，小施也没有放弃自己的生意。他利用闲暇时间奔走于各种小酒吧，到了大三时已攒了几万元钱。后来，感觉到自己忙不过来，就主动找来自己的 10 个同学，利用寒暑假时间，将这项业务扩大到了整个城市；业务渐渐扩展之后，他又将销售地点扩大到了周边城市的酒吧。后来，24 岁的他赚到了人生的第二笔 20 万元。小施的成功，关键在于找准了目标人群，选准了细分市场。

图 7－10　文艺小酒吧小型歌手演唱会现场

（二）目标和预算

每一次策划都要预先确定营销目标，而且目标的制定要切合实际，不能想着一口吃个胖子；同时，要懂得如何控制成本，争取用最小的投入获取最大的利润。借助广告行业几个目标设定的概念，我们可以结合下面这三个指标或模式，有效地控制成本并提高用户转化率：

1. CPM（Cost Per Mille，或者 Cost Per Thousand; Cost Per Impressions）：每千人成本或者每千人展示成本。顾名思义，它是指网络广告投放后有多少人观看。

2. CPC（Cost Per Click，Cost Per Thousand Click-Through）：每点击成本。目前百度搜索应用较多。

3. CPA（Cost Per Action）：每行动成本。可以是微信关注成本，也可以是 APP 注册成本，视不同项目而定。

在公关传媒服务方面，我们也曾协助某个创业型传媒公司做过推广。我们为其制定的是"滚动式发展"的策略：开始是小投入，小回报；后期再大投入，争取大回报。该公司的主营业务是公众号运营和推广，我们建议其强化创意、策略、精准等几个差异化特点（见图 7－11），同时重点规划百度关键字、自身公众号、自身官网、营销类媒体和大号合作等几种推广方式。公司最初将一年的营业收入目标定为 50 万元，但由于市场拓展得力，营业收入第一年即实现 70 万元，第二年又上升到 300 万元。

图 7－11　公关传媒服务目标

（三）主题和阶段

所谓传播主题，往大了说，就是品牌 SLOGAN。一个朗朗上口的 SLOGAN，能让客户快速形成记忆。很多品牌的成功都伴随着 SLOGAN 的流传，并深深根植在消费者的内心。传播主题往小了说，是阶段主题，即以一个季度为一个阶段，或者 2～3 个月就变换不同主题，以强化消费者印象。

但主题要基于产品和目标人群。例如，某一生活类 APP 有自己主打的 SLOGAN，而且会按照不同的节日或季度推出阶段性 SLOGAN。比如光棍节：孤独的人都要吃饱饭；情人节：南来或北往，愿为一人下厨房；还有秋季特辑：秋入小城凉入骨，无人不道柿子熟。这些考虑周到的标语，充分考虑了目标人群的特点，从正面侧面同时下手，使消费者觉得自己是目标人群的一部分。目前，该 APP 日活跃人数 30 万，堪称火爆。可以说，传播的主题好，也就同时帮助了传播推广的成功。

（四）确定营销组合

鉴于大学生推广新产品通常预算非常有限，这里重点推荐几种推广方法：

1. 地推（地面推广）。从字面意思来说，地推属于推广的一种，也是最接地气的方式；因为它直接接触到的就是用户，是面对面的接触、最直接的交流。与用户互动越多，越容易被记住。也正因为如此，地推又开始重新成为许多公司的新宠。尤其是在中国的互联网和移动互联网快速向三、四线城市及农村推进的过程中，地推这种最土、最原始的方式更有效。

例如，我们曾协助某工作交友新款 APP 产品进行地面推广（见图 7－12）。该 APP 目标用户锁定白领阶层，这群人由于职业类型多种多样，对这类 APP 的需求是最大的。该地推活动值得总结的经验是：首先，地推讲究造势，第一要务是人流，人流大才能保证转化率的基数。所以我们把地点选在白领出入量较大的写字楼附近，且所有进出写字楼的白领都能看见此次活动。其次，礼品的选择也有小技巧。当时选择的是鼠标垫、签字笔、扇子、杯子、小公仔、指甲刀等，这些物件白领通常会需要。通过这些小礼品吸引白领人群过来，请他们通过下载软件获得礼品（礼品上也印有产品二维码），并在用户下载软件的同时向他们介绍软件的功能以及效果。最后，APP 下载速度也很关键。当时整个流程控制在 1.5 ~3 分钟左右，这样，一个地推人员一天下来用户激活量便多达几百，效果突出。

图 7 – 12　地推活动现场

2. 聚会营销。聚会营销也是一种比较常用方式，可以通过官方微信、官方微博、微信朋友圈、微信群、豆瓣、BBS 等工具进行宣传。通常聚会营销邀约的成功率高，可以有效打消潜在顾客的犹豫和戒备心理，拉近彼此的距离。更重要的是：聚会营销可以直接产生销量，这是我们举办聚会营销的目的所在；并且，聚会的氛围有利于潜在顾客产生信赖感，容易做出购买决定。

例如，小杨是上海某大学服装设计专业学生，她决心通过本专业创业，于是联合了几个同学，一起把设计并加工成形的衣服放到网上，开设了专门的网店，同时，组织各种线下聚会宣传自己的品牌。万圣节前夕，她们专门租了摄影工作室，举办万圣节交友 PARTY（见图 7 – 13）。在这之前，她已经通过不少网络渠道介绍了这次聚会，人们都知道本次聚会邀请了很多校园红人。交友 PARTY 进行得很热烈，其中包括女生服装秀、男生点评、互动游戏、自由拍摄等活动，同时开展现场服装饰品拍卖。通过定期举行类似活动，小杨既赢得了同学的口碑宣传，又销售了产品。而且，每次活动她都尽可能寻找其他合作者，节省了预算。半年下来，小杨的网店收入颇丰。

图7－13　万圣节交友 PARTY

3. 公关。从概念上讲，公关是社会组织为了生存发展，通过传播沟通、塑造形象、平衡利益、协调关系，优化社会心理环境、影响公众的一门科学与艺术；广告是品牌维护，公关是品牌塑造。而我们在传播中谈及的公关，通常强调通过“内容”对目标人群进行“软性”沟通，常见的方式包括新闻稿、搜索问答、BBS、微信 KOL（Key Opinion Leader，关键意见领袖）推广等。

例如，我们曾服务于某新款艺术品推广（见图7－14）。该款艺术品强调真材实料、极致手工、古法设计等特色，所以虽然其目标人群小众，但用户黏性却很高。于是，我们强调重点针对目标人群集中的媒介，如金融类微信 KOL、工艺品 KOL 进行重点突破，配合其他公关形式如新闻稿、百度问答等进行传播；当然，话题设计也强调与时代热点结合，如“工匠撞脸范冰冰，才貌双全爆红网络”“建德企业制作的‘美国大兵’闯入白宫”之类的话题，能一下子抓住消费者的心理，牢牢吸引大众眼球。在众筹上线的一波推广活动中，微信 KOL 最高阅读量达10万＋，总计阅读量达84万，总计微信送达人数达1 200万＋；而上线20天即实现众筹500万元的骄人成绩，仅天猫旗舰店的销售额即突破了1 800万元。

4. 广告。虽然大学生推广新产品的预算非常有限，但仍然可以考

图 7－14　艺术品公关推广

虑直接和某些核心媒体合作，推出一些性价比高的广告。

仍以我们服务过的某美容仪为例。广告预算十分有限，于是仅以《瑞丽》杂志为阵地，连续推出几期广告。该美容仪的主流消费人群以白领女性为主，她们也是美容、时尚类杂志的主流读者，所以，选择《瑞丽》杂志是再好不过的。这款美容仪的广告在该杂志刊出之后，当月到店客流大幅提升。

再比如我们曾服务过的某沐汤品牌（见图 7－15）。该沐汤品牌主推日韩式的沐汤服务，推崇时尚、低奢的理念，所以在媒介上，我们重点选择上海星尚频道进行栏目植入，同时选择新闻综合频道的天气预报栏目做贴片广告。通过以电视推广为主并辅之以其他推广形式，该沐汤品牌在上海快速打开了市场。

图 7－15 沐汤品牌广告推广

上述两个项目广告预算都不高，也都在新产品上市可以接受的预算范围之内，但是我们用最小的代价换来了最大的效益。

5. 新媒体营销。新媒体的爆炸式增长出现在2010年之后，信息高度碎片化、随时随地接受新讯息也随之成为新媒体的代名词。新媒体营销的平台主要包括但不限于门户、搜索引擎、微博、微信、手机、移动设备、APP、SNS、博客、播客、BBS、WIKI等。

比如，2012年褚橙创造了销售200吨的奇迹后，褚时健授权电商平台把褚橙销往全国。2013年10月，拥有深厚媒体背景的本来生活网一方面联手新京报传媒拍摄"'80后'致敬'80后'"系列专题，邀请蒋方舟、赵蕊蕊等"80后"名人相继讲述自己的励志故事致敬褚时健；一方面推出个性化定制版的褚橙"幽默问候箱"，赠送给社交媒体上的大V及各领域的达人，包括韩寒等名人。比如给韩寒只送了一个褚橙，箱子上印着"复杂的世界里，一个就够了"（"一个"是APP的口号），引起微博300多万人次阅读，转发评论近5 000次。这两条传播线索同时在传统媒体、视频门户、社交媒体等全媒体上交叉出现，一时间，"褚时健"的励志故事引起年轻受众口碑传播，同时褚橙也被打上了励志烙印，最终在消费群体中完成了"励志故事＋橙子"的捆绑销售，不仅创造了又一轮销售佳绩，还引得柳传志和潘石屹分别推出"柳桃"和"潘苹果"。

第四节　新媒体营销技巧

一、概述

随着时代的发展变化，营销已经从以产品为基础、以大众营销为核心的1.0时代，历经以顾客为中心、以分众营销为核心的2.0时代，进入了关注消费者情感需求、以创意营销传播为核心的3.0时代。

伴随着时代主题的变化，媒体形式也从1.0时代步入了3.0新时代。我们认为：

媒体1.0时代是单向传播，是以"平面、电视、广播、户外"四大传统媒体为主流，消费者只是被动地接受传播信息。比如，在报纸上刊登一则消息，你只能被动接收，并不能反馈或互动。

媒体2.0时代是网络媒体的大发展时代，这一阶段广告主可以跟消费者双向互动，用户既能获取信息又能提供信息，且出现了社区、SNS、视频、搜索等媒体形式。

媒体3.0时代是自媒体时代，这一时代的每个个体都承载着大量信息，都能被称为媒体，都可以通过微博、微信、直播等不同的媒体形式形成一定的影响力。而这一时代的媒体形式，人们更多地称之为新媒体。

对大学生而言，掌握新媒体营销的技巧是很有意义的。

首先，自媒体时代的主旋律是人人都是新媒体，即每个人、每个个体都能具有传播能力，这种传播能力是未知的，传播效力也难以估量。过去的传统媒体时代，个人的传播能力是有限的，舆论被大众媒体所控制；而在自媒体时代，每个人都有机会让自己的新思路得到实现，传统的传播方式被颠覆，每个微小的言论都可能被放大并形成强大的舆论力量，其中有些甚至还可能只是无意间促成的结果。

其次，新媒体在带来更大价值的同时降低了营销成本。过去，有计划地投放广告，花不少的钱将自己的产品、品牌的信息通过特定的媒体、平台或者营销活动传达给目标受众，收效甚至可能甚微；而在新媒体时代，不仅出现了很多免费的开放平台（比如微博和微信公众号），而且只要企业或个人生产的内容够有创意、够有趣，就能够吸引大家浏览，形成二次传播等等，甚至花很少的成本都可能得到类似于病毒式的传播效应。

最后，效果可监测，更容易促进销售线索转化。新媒体时代能够带来传播方式的多样改变，互联网技术的进步是十分重要的一环。传统媒体很难准确估量信息受众的数量、特征等信息，而现在随着大数据技术发展得如火如荼，新媒体讯息投放对象的所在区域、年龄、性别、兴趣爱好等都是可控的，通过微信公众号或者微博后台，还能分析自己的粉丝或用户构成，极其方便进行一系列沟通以及开展活动等营销手段的使用。

二、新媒体营销技巧

在新媒体环境下的营销，突破了传统营销的单一模式，打破了各行业、各产业甚至各种传播维度的界限。新媒体营销也不再同以往的广告一样单纯追求形式、效果单一，必须要从内容、创意、媒介形式三个角度进行规划，才能最终明显提升整体效果。

（一）内容

说到内容，在信息碎片化的今天，新媒体时代的网络内容已经高度多元化，受众很难被长时间吸引。如同在热闹的菜市场，菜摊如何让眼花缭乱的顾客长时驻足停留是一门技术；在喧嚣、多彩的网络世界，如何打造内容、吸引注意力也是一门技术。企业的眼里不能只有自身产品，无论是微信、微博、文章，还是通过直播推广自己的电商产品，都要结合目标人群的兴趣点，同时要与产品卖点有机结合。只有内容抓住了目标人群的注意力，才能将受众的关注点引导至产品之上。

内容的创造还可以同社会热点、节日、明星等不同话题相结合，因为热门话题和热门人物能够吸引人们关注和讨论。

例如，我们的团队曾协助某丝袜品牌做推广，其中涉及微信文章写作。鉴于目标消费者是有品味、有追求的都市女性，文章便开头用林志玲追求极致的态度入手，引导都市女性对美和精致生活的向往与共鸣；随后结合林志玲对完美身材的努力，嵌入丝袜品牌对追求真材实料的品质、在工艺上不断突破的特点。总之，综合进行文章构思，让文章引人入胜，同时辅之以有质量的公众号发布。这篇文章获得了10万+阅读量。

再例如，我们的团队服务过的某生物科技品牌，其中同样涉及微信文章的写作。同样鉴于它是高科技产品，我们于是将文章与乔布斯等“大咖”建立关联，以设想乔布斯还活着的幽默情景开头，话锋一转，又到叹息乔布斯离世，把关注点再拉回到他年轻时就罹患的癌症上，最后讲述这款生物科技产品。配合高质量的公众号发布，这篇文章同样也带来了5万+的浏览量，为产品引来了不少关注，效果十分明显。

（二）创意

其实广告并不是人们所深痛恶觉的，人们痛恨的只是劣质的广告。好的广告不光能吸引人们的注意力，它的优质的表现形式和创意，常常能一举击中受众内心，引发自主传播。在营销过程中，如果只有生硬的宣传而没有创意，无异于一杆空枪，打不中目标。创意经济蕴含着巨大的能量，将更多创意融入营销过程中，引爆关注和传播，对企业和产品都具有关键的意义。如今的自媒体时代，营销的表现形式多样化，创意的载体也是五花八门。除文字外，通常还有H5页面、漫画、表情包、视频等形式。能够做到与时俱进，能够利用好这些层出不穷的新花样，营销的效果才会有极大的提升。

但不论什么形式的创意，都要注意不要自说自话。一要贴合目标人群关注点，二要注意引导消费者对新产品的关注。例如，我们服务过一款糖尿病检测的 APP，为此曾连续一段时间制作不同类型的创意 H5 页面。如借势当时广受关注的热门电视剧《芈月传》，创意制作了一则人物测试的 H5 页面（见图 7 – 16），推广周期为 2 周，浏览人数 10 万以上，微信公众号增加粉丝 5 000 多。

图 7 – 16　糖尿病检测 APP 创意

（三）媒体形式

不同的新媒体形式，其营销推广的技巧也是有差异的。现列举几种常见新媒体形式的营销技巧：

1. 微信。新产品上市时，企业通常利用公众号进行营销。这里主要强调三点：

（1）服务号和订阅号。公众号有服务号和订阅号之分，开通之初一般都会疑惑是开服务号还是订阅号。服务号偏重于服务交互，每月只可群发四条推送，这条消息存在于对话框页面，会有消息提示；而订阅号偏重于传达资讯，每天可群发一条消息，消息收在用户终端“订阅”文件夹里，不会有特别提示。在开通公众号之前，要对自己的品牌或者产品有准确的定位，以推送资讯为主则选择订阅号，以服务、售卖为主则选择服务号。通常新建品牌只要订阅号已经足够，而服务号更适用于用户群体较大的品牌，需要实现微支付（要认证）、与客户管理系统对接的品牌。

（2）公众号吸粉。开通公众号之后，需要做的事则是为公众号吸粉。通常有几种吸粉方式：线上包括大号转发、朋友圈推送、微信群推送等，线下主要是地面推广。通常大号转发是比较常用的手段。由于大学生推广新品时预算不足，可以通过其他同学的公众号互相转发文章，借以联合吸粉；也可以丰富朋友圈的内容，吸引朋友们浏览；还可以在影响力较大的微信群推广内容，甚至让亲朋好友挨着转发一圈，扩大影响力。在预算充足的情况下，可以找行业或者区域知名大V转发，但要注意与活动相结合；地面推广可以开展得比较有创意，吸粉的同时吸睛，并扩大知名度和影响力。我们在协助某健身APP吸粉时，就采取了扫码送咖啡券的形式，有小优惠、小礼物时，用户的防备心会降低，推广效果的确会更佳。

（3）活动。除了做好线上内容外，一定要结合微信营销开展活动，才能更好地吸粉、推广。但活动不应仅限于促销、送礼物，要有话题性，有创意点。例如，我们在为一个客户推广充电桩这一新产品时，以消费者的颜值为重点，围绕这个点开展“一起跟充电桩合影”的活动，参与者能得到奖品。这种活动有趣，方便参与，在大马路上遇到跟充电桩合照的人，路人一定会因为好奇心来了解，且会因有趣而跟风。加上线上线下结合，人气当然就更旺了。这场营销活动单场增加微信粉丝2 000人，效果甚好。

2. 微博。虽然微信营销因微信强关系链更受关注，但微博的功力仍然不容小觑。微博的特点除了传播性之外，它的营销还具有话题性。有话题性的内容通过微博准确、快速而又到位的传播，其效果是其他传统媒体和自媒体无法比拟的。即使平台上的信息相对比较杂乱，但微博因其开放性，仍然吸引了大量拥趸者。微博营销的重点在于：

（1）话题炒作。微博有个特色，就是话题功能，在双井号中加入话题即“#×××#”，就可以点击、参与和互动。当开展一个活动时，可以通过多个大号来转发，这样人多力量大，会形成专门的话题排在微博的热门话题榜上，吸引更多用户点击和互动，促进品牌传播。例如，我们在推广某微电影时，在微博发布话题“#浑身是戏不用演#”，活动当天即进入热搜排名前五，吸引了几千万阅读及关注量——微博不愧是热闹的大广场。

（2）借势传播。我们不仅可以创造排行榜上的热门，也可以借助排行榜上的话题“蹭蹭热度”。关注当天的热门话题，用回复或互动方式加入自己的产品或者@产品官微，会起到引流的作用；同样，被热门吸引进来的人群，会在主页刷到你的互动，也就顺带接收了你产品的信息。同时，在微博文案中加入热门话题，也会增加微博的曝光度，吸引更多人关注。

3. 直播。在网络化和视觉化越来越占主流的今天，视频媒体也已成为与消费者沟通和互动的最有效媒体之一。近两年涌现出了很多新兴的视频直播平台，内容五花八门，互动直接有效，为品牌的营销开拓了新的领域。

直播平台可以分为四种模式：

（1）电竞游戏直播，如虎牙直播、斗鱼、熊猫 TV 等；

（2）体育赛事/演出直播，如腾讯视频、乐视视频、爱奇艺、优酷等；

（3）秀场直播，指歌舞才艺和各种达人直播，如 9158、YY、六间房等；

（4）生活直播，指视频监控直播、展会活动直播、户外景区点直播等，如映客、百度云直播、美拍直播等。

在直播平台上做新媒体营销，首先应当注意自身产品与主播或者直播频道是否契合；其次应该注意产品是否符合该直播受众的兴趣点，如果你在一个电竞游戏直播中推广自己的丝袜产品，则相对来说比较荒唐；最后是内容的定制要选好出发点，要有利于产品的推广和销售。

例如，美宝莲新品“唇露”发布会当天，线上做了多家直播（见

图 7－17）：首先是直播 Angelababy 在上海南浦大桥赶赴活动的现场以及她在化妆间的种种细节，后来还制作了用 H5 页面将 Angelababy 和 50 位网红聚在一起的画面，观众可以观看到不同视角的发布会现场。此次营销空前盛大，仅腾讯一家同时在线人数就超 500 万，美拍为 8 万，熊猫 TV 则是 15 万，给美宝莲的新产品带来了极大的关注度和购买量。

图 7－17　美宝莲新品“唇露”网络直播营销

4. SNS（社交网络服务）。SNS 上的营销，是利用社交网络建立产品和品牌的群组、举行活动，并利用 SNS 网站的分享和共享功能，以“六度理论”为基础进行的病毒营销之类的营销活动。“六度理论”为哈佛大学的一位心理学教授 Stanley Milgram 创立，简单地说，六度理论即“最多通过六个人，你就能够认识任何一个陌生人。”

SNS 网站大致可分为平台类、商务类、文化类、情感类、校园类以及社群类等。如 QQ 空间就是以即时通信为基础的 SNS 平台，阿里巴巴是以商务、购物为基础的 SNS 平台，人人网属于校园类，知乎则是属于以问答为基础的知识分享类社区，等等。

在 SNS 上开展的营销，就是利用这样的社区平台，让因兴趣等原因聚集在同一个空间的成员相互沟通讨论，从而达到营销的目的。这类营销需要注意以下几点技巧：①选择合适的与自身产品契合的平台；②长期坚持；③拒绝生硬的广告，与用户建立长期稳定的互动关系。

例如 Burberry 风衣艺术节（见图 7－18），在豆瓣上建立传播阵地，邀请 51 位明星，集中展示能体现品牌风尚的穿搭艺术，并依附豆瓣下的产品——豆瓣同城来举办线下同城艺术展活动，吸引豆瓣潮流人士的参与和关注。此次营销活动激发了用户的激烈讨论，围绕明星、风衣、时尚的话题在豆瓣迅速广为传播。明星相册被用户累计喜欢、推荐了4 418次，留言互动1 196 次；1 183 位用户对线下活动感兴趣，其中633 人报名参加。活动最终圆满成功，获得了大量的关注与曝光。

图 7－18　Burberry 风衣艺术节明星展示

5. WIKI（维基）。WIKI 营销是指在诸如 WIKI 这种可以多人编辑的平台或工具上，以关键词作为入口，形成产品或是公司品牌与这些关键词的相关度。WIKI 营销建立的基础是基于 WIKI 知识的公正和权威性，相关的衍生还能在搜索引擎上排名更靠前，被更多媒体得以引用。著名的 WIKI 平台包括百度百科、百度知道、维基百科、互动百科、搜搜问答等。在这样的平台上做营销推广，需要注意如下技巧：①多站在目标用户的角度思考问题；②提出针对性问题，甚至必要时自问自答；③按用户搜索习惯，优化最佳答案及评价的关键字设置。

例如，我们曾为某木窗做过 WIKI 推广，通过从用户角度思考，以“古风家居”“雾霾”“木窗”“森鹰”“装修”等关键词提问，并在答案中带出品牌，共计在 WIKI 平台上建立了 100 多个问答，获得近千条回复、近万个点击以及 3 000 + 点赞，为木窗收获了大量的曝光量。

6. 电商。按商业模式划分，目前电子商务平台零售行业有三类业态，分别为传统零售、电子商务（纯线上）、互联网零售。纯线上的电子商务以天猫和京东为代表；线上线下融合的互联网零售以苏宁为代表；但是随着时间推移，未来主流的零售业态将会逐渐向互联网零售倾斜。电子商务的营销推广也是不可或缺的。

在电商营销的起步阶段，一般有 CPS 联盟、CPC 联盟、SEM 关键词广告、SEO、导航网站等方式。考虑到大学生刚创业时资金不是很充足，导航网站可以选小些的；有些商品如生活用品、食品等可以开展体验活动，着重要把自家口碑做好。在 SNS 平台上，也能有些软推广；微博上的话题营销，和站外其他网站合作，以及制造事件营销、病毒营销等，这几乎都是以低成本的方式来提高曝光量。要注意应有一套适合并靠谱的统计系统，来计算每一个渠道的投资回报率，方便针对不同的渠道做更好的调整和优化。还有最重要的一点，就是一定要管理好客户关系，为了更好地实现口碑相传，仅靠好的产品 + 服务是不够的，不能只追求以高成本增加新用户而忽略老用户，否则就是赔了夫人又折兵，捞不着好处。

我们在进行推广时，不仅要懂得前进，更多的时候还需要反省自身的不足，在自己的弱点上下功夫，只有这样，才能各方面都取得长足发展。

本章练习

思考题

1. 简述大学生创业如何有效定位目标市场。
2. 营销策划主要基于哪几个方面？
3. 简述新媒体营销的几种沟通渠道。
4. 营销从1.0时代到3.0时代，主要的变化、特征有哪些？媒体的变化、特征有哪些？
5. 自媒体时代有哪些常见新媒体？请选取你最熟悉的一种，谈谈你对它的营销作用的认识。

综合训练

大学生新产品创业营销案例

案例1：快乐家居APP

快乐居家科技有限公司旗下的“快乐居家”APP，面向家庭提供同城家居维修、安装，维修水电管线、疏通管道、防水补漏等都可获得便捷的上门服务。

居家生活中难免遇到马桶漏水、电线短路等问题，消费者往往苦于找不到靠谱师傅。快乐家居采用即时的GPS定位推送机制：用户发送需求后，身边5公里范围的师傅能及时接到需求并提供服务。有了这个机制，师傅们不用再每天花大量时间在去往下个客户的路上，任何地方都可就近接单，并提供服务。

“快乐家居”APP目前主要的服务人群面向很广，只要是生活中需要家居维系的人群，都是“快乐家居”目标人群。创始人成都市大三学生何畋妤想起初衷，感慨万千。一个城市里有千千万万户家庭，一年下来难免不碰到需要居家维修的情况，如果能建立个网络平台，大家可以在平台上找服务，工人可以通过平台接单，明码标价，这样对两边都有利。

大学生创业初期很辛苦，遇到的困难太多，这在创业前完全没想到过。比如说商业谈判，由于没有谈判技巧，何畋妤很容易就露了底；要么自己很吃亏，要么合作根本就谈不拢。

但现在，何畋妤带领着团队在乐山已经做到了收支平衡，小有盈余。去年10月，快乐居家正式入驻成都。这个年轻的公司仅在乐山市场就雇用了约10名员工。因为快乐居家自己培训工人，工人既有可依靠的组织，又可以从这个平台获得稳定的订单，于是在乐山市居家维修的行业内，快乐居家的名气渐渐流传开来，目前已经和300余名工人签约。APP第2版上线第一个月就取得了3 000多的下载量，目前在乐山市已覆盖住户达50 000户。

案例2："菠萝袋"

"菠萝袋"（见图7－19）是一家专业为大学生提供分期购物的线上购物平台，2014年11月正式上线。

图7－19 "菠萝袋"图标

高校市场是一块人人垂涎的肥肉，无数创业项目都试图从各个角度切入，"校呵呵""宅米""快快鱼""趣分期"等当下炙手可热的分期APP，它们瞄准的都是校园市场，并选择了各自的细分领域深挖。"菠萝袋"创始人黄灿斌大一即开始创业，一直专注于大学校园领域。毕业前夕，他领衔创业的"菠萝袋"获得了邦桂投资首轮1亿元人民币的战略投资。针对大学生收入较低、需求较多的特点，"菠萝袋"提供有品质、高档次商品的分期购买，满足大学生日常需求。如售价较高的iPhone6S对于大多数学生来说，敢想不敢买，但在"菠萝袋"，你可以选择5 288元的一次性付款，也可以拆分为3～12期的分期还款，月供从几百到2 000元不等；而且，商城内的所有电子产品都可以分期付款。现在，它的很多用户都已经提前用上了自己心仪的各种产品。

“菠萝袋”的运营模式是基于数据库中的风控数据导出评分卡，再根据不同场景的风控模型决定客户是否通过以及通过后的授信额度。整个过程已经能够做到最快1分钟完成。

截至目前，“菠萝袋”的月营业额已超过千万元。在创始人黄灿斌看来，分期购物是低频高额消费；也正是考虑到这点，“菠萝袋”想要构建校园生态，开始向高频低额这类有极大用户黏性的日常消费去发展。除了服务于大学生，未来“菠萝袋”还计划服务蓝领、白领、有车一族等更多人群。这也是“菠萝袋”创办菠萝钱包的目的。

案例3：零钱包APP

重庆某大学几名学子研发的手机应用APP——“零钱包”，是一款专注于零碎时间价值管理的移动互联网应用。

除了工作和学习等这类比较固定的完整时间之外，很多人还有大量的零碎时间。在零碎时间里玩玩游戏、看看视频，就让时间白白溜走了。“零钱包”APP则可以把零碎时间利用起来创造财富。最简单的做法，就是在有零碎时间时，在“零钱包”APP上看一个广告视频，或者做一个问卷调查，就能轻松赚取现金奖励，并转入支付宝账户。这样，自己的时间打发了，钱也赚到了，一举多得。

在市场推广方面，零钱包团队运用了多种方法，各方面全面开花。首先，应用的推广。由于进入的时间比较早，用户积累比较多，用户群集中，用户质量高，“零钱包”很快成功打开了市场。其次，市场活动。以地推为主，在校园里随机扫二维码赢取小礼物。最后，请了几个同学在网络媒体上写软文，在社交平台上做文章。因为同是学生，又都是同学，很快就一篇篇写出来了，并且价格既便宜也好算。

“零钱包”APP已荣获“移动互联网创业专项赛”金奖，不但获得1万元奖励，还有公司当场给予这支团队10万元风投基金。

案例4：《三国杀》

《三国杀》（见图7－20）是某大学动画学院黄恺同学设计的一款热门的桌上游戏。大二时黄恺发现一个桌游论坛，并从中了解到西直门附近有一间桌游吧。他在桌游吧玩了很多种桌游，并萌生了创造中国人自己的桌游的想法。《三国杀》游戏融合了西方类似游戏的特点，并结合中国三国时期背景，以身份为线索，以卡牌为形式，要合纵连横，经过一轮一轮的谋略和动作去获得最终的胜利。创始人黄恺用了一个晚上，用电脑重新制作了《三国无双》的图片，并根据三国人物的性格制定了游戏的规则。这副牌受到了同学们的极大欢迎，于是黄恺决定通过淘宝网销售。

图 7－20　三国杀图标

小小的游戏很快销售一空。然而，小小的游卡面临着一个关键的问题：缺钱！在这样的局面下，低成本的病毒式营销成了他们无奈的选择。然而，尽管是一个被“逼”出来的选择，但这种营销方式其实正好与《三国杀》游戏的特色暗合。

作为一款社交性与娱乐性并重的桌面游戏，《三国杀》游戏的过程本身就是一个交往和传播的过程。此外，《三国杀》本身对游戏人数的要求，也是其进行病毒式营销的重要助力。例如，一个玩家想要玩上几局酣畅淋漓的《三国杀》，常常需要聚集 6 个人以上，“拉人凑角儿”十分普遍。此时，老玩家会自动成为新手的老师兼《三国杀》的义务宣传员。在推广初期，一局游戏中一半都是新手的情况十分常见，任劳任怨的义务宣传员们为《三国杀》立下了汗马功劳。

要让“《三国杀》病毒”尽快繁殖，选择传播欲望强、传播能力好的核心客户至关重要。游卡准确地将目标客户设定为高校学生和年轻白领，定期到北京各大高校和 IT、金融企业内组织《三国杀》活动和比赛。掌握了这两个好奇心强、善于学习的核心群体，也就奠定了《三国杀》在北京迅速风行的基本条件。当初的推广版也为《三国杀》的病毒式营销收集了宝贵的信息。例如，不少人认为推广版的 64 元定价偏高，这显然不利于“《三国杀》病毒”的迅速复制，因此，游卡迅速将后续推出的《三国杀标准版》定价下调到30元。玩家普遍反映推广版中刘备、孙权太强，标准版则将他们削弱——这不仅改善了游戏的平衡性，更让玩家获得了极强的参与感，加深了玩家的黏着度。就连规则说明书的用语，也根据玩家的阅读和理解习惯做出了调整。

这款“没有经过什么宣传”的桌面游戏，就这样风靡北京、上海、广州等一线大城市，并渗透全国。它甚至开辟了一个崭新的行业，带动了下游上千家“桌游吧”的发展，创造了超过千万元的销售额。

试分析以上四个案例中新产品的定位和品牌策略，并结合案例阐述这些新产品的营销推广模式。

要点提示

1. 重点结合其产品特色，分析如何切入细分市场；
2. 可依次列出营销4P对应的方向，进行总结；
3. 结合目标人群、产品特点进行推广，是成功的关键。

参考文献

[1]张宗恩,朱克勇.大学生创业训练教程[M].北京:现代教育出版社,2010.

[2]阳飞扬.从零开始学创业大全集[M].北京:中国华侨出版社,2011.

[3]丁栋虹.创业管理[M].北京:清华大学出版社,2011.

[4]爱范儿.种子:对话移动互联网新生代[M].北京:光明日报出版社,2011.

[5]谢科范,等.创业团队管理与实践[M].北京:知识产权出版社,2011.

[6]刘志阳.创业学[M].上海:格致出版社,2008.

[7]邓靖松.团队信任与管理[M].北京:清华大学出版社,2012.

[8]储盈.创业兵团[M].北京:中华工商联合出版社,2012.

[9]巴格海,奎励杰.一的力量[M].魏薇,译.上海:上海财经大学出版社,2012.

[10]特劳特,里斯.定位[M].北京:机械工业出版社,2010.

[11]科特勒.营销管理[M].14版.北京:中国人民大学出版社,2012.

[12]特劳特,里斯.22条商规[M].太原:山西人民出版社,2009.

[13]任荣伟,梁西章,余雷.创新创业案例教程[M].北京:清华大学出版社,2014.

[14]德鲁克.管理的实践[M].北京:机械工业出版社,2009.

[15]科兰,安德森,斯特恩,等.营销渠道[M].7版.蒋青云,译.北京:中国人民大学出版社,2008.

[16]罗宾斯,库尔特.管理学[M].北京:中国人民大学出版社,2012.

[17]侯文华.大学生创新创业教育教程[M].北京:科学出版社,2016.

[18]所罗门.消费者行为学[M].10版.卢泰宏,译.北京:中国人民

大学出版社,2012.

[19]里斯. 公关第一,广告第二[M]. 上海:上海人民出版社,2004.

[20]科特勒. 营销革命3.0:从产品到顾客,再到人文精神[M]. 北京:机械工业出版社,2011.

[21]库珀. 新产品开发流程管理[M]. 北京:电子工业出版社,2010.

[22]库珀. 新产品开发流程管理:以市场为驱动[M]. 4版. 北京:电子工业出版社,2013.

[23]何玉林. 大学生创新创业导读[M]. 昆明:云南大学出版社,2013.

[24]邓建成. 大学生创新与创业[M]. 湘潭:湘潭大学出版社,2008.

[25]刘美. 影响大学生创新能力的因素及创新能力培养途径[J]. 长沙大学学报,2011,25(2):130-132.

[26]沙洪成. 构建大学生创新能力培养模式的探索[J]. 中国高教研究,2004(3):76-77.

[27]于家明. "90后"青年群体特点及教育对策探析[J]. 中国青年研究,2010(01):56-58.

[28]高桂云,孙义兰. 注重人文关怀——"90后"大学生思想政治教育的重要特点[J]. 社会纵横,2008,23(12):172-173.

[29]胡颖杰,孙国庆. "90后"大学生群体特征剖析及思想政治教育途径探索[J]. 法制与社会,2010(02):223-224.

[30]杨亚萍,李坡. "90后"大学生的思想特点与高校共青团工作创新[J]. 教育与职业,2009(33):67-68.

[31]肖玉梅,刘艳. 普通高校经管类本科生创新能力培养研究[J]. 凯里学院学报,2008,26(5):79-81.

[32]乔海曙,李远航.《大学教育科学》大学生创新能力培养研究综述[J]. 大学教育科学,2008(1):20-23.

[33]田铁军. "互联网+"时代大学生创业机会识别研究[J]. 湖南广播电视大学学报,2015,10(4):83-86.

[34]王竞一. 中国大学生在校期间创业机会识别过程——基于扎根理论的研究[J]. 中国人力资源开发,2015,10(18):86-93.

[35]何红锋,董亚楠. "挑战杯"创业计划大赛中的知识产权保护的思考[J]. 知识产权,2004,14(3):52-55.

[36]李秋莹.大学生创新创业计划项目的 BSC 过程管理——基于生命周期理论视角[J].大学教育,2016(5):175－177.

[37]文华.设计并确定新产品开发职能有效实施的关键成功要素[J].科技管理研究,2007,27(4):183－185.

[38]余正.新产品开发的成功要素[J].经济师,2003(8):243－243.

[39]张昆.大学生创新创业能力培育探讨[J].思想理论教育导刊,2015(11):137－139.

[40]张志刚,苏自力.成功开发新产品的 16 要素[J].技术经济与管理研究,2001(4):102－103.

[41]王年军.大学生创业团队的理论与实证研究力[D].武汉理工大学 2012 年博士学位论文.

[42]金泉.创业团队构成异质性、互动质量与创业绩效的关系[D].复旦大学 2010 年博士学位论文.

[43]中华人民共和国公司法[G].北京:中国法制出版社,2014.

[44]中华人民共和国合伙企业法[G].北京:中国法制出版社,2010.

[45]中华人民共和国税收征收管理法[G].北京:中国法制出版社,2015.

[46]中华人民共和国企业所得税法[G].北京:中国法制出版社,2007.

[47]中华人民共和国发票管理办法[G].北京:中国法制出版社,2011.

后　记

随着时代的发展，国家和社会对人才的要求也发生了相应的变化。信息时代这一背景要求我们培养出具有创新思想和创业精神的人才。大学生创新创业教育的实施，是国家和社会发展过程中的必然趋势，适应了市场经济发展的社会需要。

2015 年 6 月，卫晓怡和吴芹两人申请获得并承担了上海商学院创新创业重点课程建设项目——新产品开发及创业导论。在授课过程中，我们坚持强化创新创业实践训练，围绕增强大学生的创新能力和在创新基础上的创业能力，多次指导学生获得大学生创新创业市级以上奖项，并逐步形成了本教材相对成熟、完整的写作框架和编写思路。之后，我们又邀请了其他高校从事创新创业教育的老师和企业专业人士一起合作，共同完成了本书的写作。

本书的编写者各自有着不同的专业背景和经历，这使得本书创新创业理论和实践能得以更好地结合，启发性和引导性也更强。卫晓怡，博士，上海商学院酒店管理学院副教授，主要从事食品开发研究；吴芹，博士，上海商学院东方财富传媒与管理学院副教授、主要从事财经传媒和互联网金融研究；蓝蔚青，博士，高级工程师，上海海洋大学食品学院实验室管理中心基层教学组织负责人、副主任，硕士研究生导师，大学生创新项目指导教师，主要从事食品添加剂、食品冷冻冷藏工程和水产品保鲜技术研究；李红艳，硕士，辽宁水利职业学院管理系副主任，主要从事经济管理、工程技术、物业管理和创新创业研究；屈志超，复旦大学 MBA，资深品牌策划专家，际嘉公关传媒公司创始人，拥有 17 年品牌管理、广告策划、媒体公关和数字营销经验，不仅曾服务于韩国双龙汽车、华晨汽车等品牌，还曾服务于盛世长城、广东省广股份等国内外 4A 公司；张路遥，博士，上海商学院酒店管理学院讲师，主要从事功能食品质量安全与检测研究；张亚琼，硕士，上海海洋大学食品学院团委书记、辅导员，主要从事大学生思想政治教育、大学生创新项目管理研究；周文，睿财资本税务高级经理，上海灵典灵依财务咨询有限公司高级合伙人、资深税务顾问，拥有25年税务局及相关工作经验与经历，曾参与讨论《中华人民共和国税收征收管理法》的修订，具有深厚的财税理论功底，实战经验丰富。

本书第一章由吴芹撰写，第二章蓝蔚青和张亚琼撰写，第三章卫晓怡撰写，第四章张路遥撰写，第五章李红艳撰写，第六章周文撰写，第七章屈志超撰写。吴芹对全书做最后的统编和定稿。

在本书即将付梓之际，我们特别感谢首都经济贸易大学出版社对本书出版给予的大力支持和帮助。

卫晓怡　吴　芹

2016年11月22日